Die Transformierer

Marie Neurath
Robin Kinross

Entstehung und Prinzipien von Isotype

Herausgegeben
von Brian Switzer

niggli

Inhalt

Vorwort

Robin Kinross

In den Jahren nach 1971, in denen die Isotype-Produktion durch Marie Neurath beendet wurde, gab es wiederholt Bestrebungen, sie zu diskutieren, sie wiederaufzunehmen oder von ihr zu lernen. Die wichtigsten Beiträge zu diesen Isotype-Kommentaren sind am Ende des Buches (Quellen) verzeichnet. Dass jene Debatte entstand, spricht für die Vielfalt und die Kraft der Arbeit von Otto Neurath und Kollegen. Gleichzeitig, als Beobachter dieser Diskussion, bemerke ich eine Reihe von Wiederholungen, Fehlstarts, Vergessenem, Missverständnissen. Dieses kleine Buch soll sie aber nicht korrigieren oder, genauer formuliert, alle Beweise auslegen und einzeln durchgehen, um ihre Bedeutung zu erkennen. Das ist Aufgabe eines längeren Forschungsprojekts, und genau so eine Anstrengung wird gerade an der University of Reading unternommen, unter dem Namen «Isotype revisited». Dieses Buch versucht eher, zum Herz von Neuraths visueller Arbeit zu gelangen und zu zeigen, warum sie von dauerhaftem Wert ist. Der Titel «Die Transformierer»[1] soll auf die Hauptarbeit, auf die Designarbeit hindeuten, und das im breitesten Sinn des «verteufelten» Wortes Design.

Neurath entwickelte die Idee der Transformation, so hat er es genannt, um den Prozess des Analysierens, Auswählens und Ordnens von Informationen, Daten, Ideen, Konsequenzen und im Anschluss das Visualisieren dieser zu beschreiben. Heute würden wir diesen Prozess einfach «Design» nennen, aber es ist eine besondere Art von Design. Statt weitere Definitionen zu präsentieren, hoffe ich, dass die Beispiele und

Diskussionen in diesem Buch die Idee des Transformierens erklären werden. Aus dem Wunsch heraus, Ableitungen aus Isotype zu gewinnen beziehungsweise Isotype als Design-Thinking-Ansatz zu etablieren, habe ich Arbeiten von anderen, aus anderen Gebieten dieser Disziplin und aus verwandten Disziplinen, in die Diskussion aufgenommen. Eben hier, im Prozess des Ordnens und Visualisierens, nicht in den «Reihen kleiner Männchen», liegt der wahre Wert von Isotype.

Dieses Buch beinhaltet einen Essay von Marie Neurath, die die Haupt-Transformiererin wurde. In ihrem – so das Schicksal es wollte – letzten Lebensjahr (1986) fragte ich Marie Neurath, ob sie mit mir an einem Buch arbeiten würde, einem Buch, das als Isotype-Lehrbuch dienen könnte. Dieses Buch wurde nie vollendet und publiziert, aber sie schrieb den Text, der nun hier zum ersten Mal veröffentlicht wird. Ich habe die englische Übersetzung vorgenommen, diese mit ihr besprochen und anschließend ihre Korrekturen dazu eingefügt. Im Buch sind ebenso Kommentare von Marie Neurath innerhalb eines Textes, den ich geschrieben und für den ich sie anschließend um die Übersetzung und um Kommentare gebeten hatte. Dieser Text wurde 1982 veröffentlicht. Dieses Buch präsentiert also die eigene Stimme der Transformiererin. Ich hoffe und glaube, dass diese Stimme, zum Teil im Dialog mit meiner, die Tiefsinnigkeit transportiert, die auch in den Isotype-Arbeiten erkennbar ist. Wie Marie Neurath zu sagen pflegte, ihre Arbeit war die ganze Zeit in Entwicklung und wurde zum Teil durch neue Aufgaben geformt.

Mein Standpunkt ist, dass Isotype heute fortgeführt werden kann, aber nicht als feststehende Methode oder klar definiertes System, sondern als eine Herangehensweise an Design. Nicht nur in der Gestaltung von Bildstatistiken oder der Präsentation von Information, sondern stattdessen als Heransgehensweise für jede Designdisziplin. Am Ende ist Isotype eine Denkart.[2]

Abkürzungen

In diesem Buch werden einige Publikationen und Institutionen wie folgt abgekürzt:

DBW	*Die bunte Welt* (1929)
EAS	*Empiricism and sociology* (1973)
GBS	*Gesammelte bildpädagogische Schriften* (1991)
GEWIMU	Gesellschafts- und Wirtschaftsmuseum in Wien
GUW	*Gesellschaft und Wirtschaft* (1930)
MMM	*Modern Man in the Making* (1939)
ÖGZ	*Österreichische Gemeinde Zeitung*
IPL	*International picture language* (1936)

Bildquellen

Die meisten Bilder in diesem Buch stammen aus der Otto and Marie Neurath Isotype Collection, Department of Typography & Graphic Communication, University of Reading. Folgende Bilder sind Ausnahmen: 1.07, 1.10, 1.11, 1.17, 1.46, 1.47, 2.06, 2.12, 3.10, 3.11, 3.13, 4.01 – Robin Kinross; 3.07 – Eric Kindel; 3.12 – Baines Dixon Collection.

[1] [The transformer]

[2] Anmerkung des Verlages: Es handelt sich um das Originalvorwort von Robin Kinross aus dem Jahr 2009.

Danksagung

Robin Kinross

Dieses Buch entspringt einer langer Zusammenarbeit mit dem Department of Typography & Graphic Communication (Fakultät für Typografie und Grafische Kommunikation) der University of Reading, wo ich Student und später wissenschaftlicher Mitarbeiter war und für ein Jahr an der Archivierung des Materials der Otto and Marie Neurath Isotype Collection arbeitete. (Ich hatte die Ehre, der letzte Angestellter vom Isotype-Institut zu sein.) Ich werde Michael Twyman, dem Gründer und langgedienten Studiendekan, ewig dankbar sein, dass er den unglaublichen Wert von Isotype erkannte und 1971 das Isotype-Archiv nach Reading brachte. Auch Marie

Neurath brachte er, als Dozentin, nach Reading. Ohne ihn wäre ich ihr nie begegnet. Nach einer langen Pause bedeutet dieses Buch für mich eine Wiederkehr nach Reading und zu Isotype. Ich danke Eric Kindel, Direktor des «Isotype revisited»-Projektes innerhalb der Fakultät, der mir die ganze Zeit mit Rat und Tat zur Seite stand. Ebenso half mir der Enthusiasmus von Christopher Burke (Reading), dieses Buch voranzutreiben. Er hat maßgeblich dazu beigetragen, indem er die meisten Bilder hierfür gemacht hat.

Fast alle Bilder in diesem Buch stammen aus dem Archivmaterial in Reading. Zusätzlich zum Material aus den Originalbüchern und anderen Publikationen von Neurath und Mitstreitern, habe ich einige Ausstellungstafeln reproduziert. Mit ganz wenigen Ausnahmen gingen die Originale dieser Tafeln – wie fast alle Tafeln des Gesellschafts- und Wirtschaftsmuseums – verloren oder wurden zerstört. Die Basis für die Reproduktion der Abbildungen bildeten kleine Fotoabzüge dieser Tafeln, bekannt als die «T-files» (T steht für Tafeln), die im Reading-Archiv lagern. Sie sind die einzige Aufzeichnung der unveröffentlichten Arbeiten des Gesellschafts- und Wirtschaftsmuseums. Die Größen der Abbildungen richten sich nach der Originalgröße und -anwendung, ganz gleich, ob es sich nun um eine Ausstellungstafel (die nach und nach auf einer Modulgröße von 126 × 126 cm basierten), eine Modifikation einer Tafel für die Veröffentlichung in einem Buch oder einer Zeitschrift oder um Bücher gestaltet von der Isotype-Gruppe handelte.

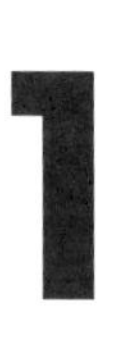

Lehrling und Geselle von Otto Neurath in Wiener Methode und Isotype

Marie Neurath

Es ist mir leider nicht möglich, einen vollständigen, zusammenhängenden Bericht von meiner Lehrzeit in der Bildstatistik zu geben, der gleichsam ein Leitfaden für andere sein könnte.[1] Zu viel davon ist mir in Vergessenheit geraten – obgleich das Erlernte nie vergessen und immer wieder angewendet wird. Auch bin ich sicher, dass der Lernprozess nicht Schritt für Schritt, Regel für Regel vor sich ging, genau so wie die visuelle Arbeit nicht etwa mit dem Schaffen von Symbolen und Regeln begann, um dann damit visuelle Aussagen zu machen. Es war umgekehrt: Etwas sollte visuell ausgesagt werden und der beste Weg dafür musste gefunden werden. Im Nachhinein zeigte sich dann, dass man im Laufe solcher Arbeiten ein System von Regeln geschaffen hatte. Aber manche Momente sind mir in Erinnerung geblieben, in denen mir etwas Neues aufging. Ich will versuchen, sie zu schildern und in eine zeitliche Folge zu bringen; vielleicht ergibt sich dann doch eine Skizze meiner Lehrjahre und Mitarbeit.

[1] Dieser Text wurde von Marie Neurath auf Bitte von Robin Kinross geschrieben und sollte in einem Buch über Isotype erscheinen. Beim Original handelt es sich um einen 25-seitigen, auf A4 und mit Schreibmaschine geschriebenen Text vom Juni 1986. Robin Kinross hat diesen Text im August 1986 ins Englische übersetzt und mit einigen Korrekturen und Änderungen von Marie Neurath versehen. Sie starb im Oktober 1986.

Die erste Begegnung

An die erste Begegnung mit Otto Neuraths grafischen Darstellungen erinnere ich mich ganz genau. Ich war kurz vor Abschluss meines Studiums zu Besuch in Wien. Mein Bruder Kurt lebte dort und hatte Otto und Olga Neurath kennengelernt, mit denen er mich bekannt machte. Eines Tages, Anfang Oktober 1924, führte Neurath mich in das Siedlungsmuseum. Dort hingen einige seiner Tafeln. Eine davon zeigte die Bevölkerungsdichte verschiedener Länder: Ihre Flächen waren, in Einheiten unterteilt, direkt vergleichbar: Die Bevölkerungen waren durch Punkte dargestellt, von denen jeder eine bestimmte Anzahl darstellte, und regelmäßig auf den Flächen verteilt; die Anzahl der Punkte pro Flächeneinheit ergab dann die Bevölkerungsdichte unmittelbar.
Die Tafel gefiel mir, weil die Darstellungsweise so einleuchtend, ja selbstverständlich, ist und an die konkrete Situation anschließt. Den stärksten Eindruck aber hat auf mich eine andere Tafel gemacht. Sie zeigte die fünf größten Städte einiger Länder. Seltsamerweise gibt es weder, meines Wissens, eine Reproduktion dieser Tafel, noch haben wir je dieses Thema wieder behandelt. Aber in meinem Gedächtnis sind die Hauptzüge erhalten: in Frankreich das überragende Paris, die nächsten vier Städte scharf herabsinkend; in Großbritannien das überragende London, dann aber drei fast gleich starke Industriezentren; in Deutschland das viel weniger überragende Berlin, große Hansastädte und Hauptstädte anderer Bundesländer folgend. Hier war es nicht so sehr die Darstellungsweise, die mich beeindruckte, sondern die Fragestellung:

die Idee, die fünf größten Städte darzustellen und dieses Resultat vorauszusehen, das so viel von der Geschichte und Eigenart dieser Länder anzudeuten vermag. Damals, vor dieser Tafel, kam es zu dem Entschluss, dass ich bei der Produktion solcher Darstellungen mitarbeiten soll.[2] Neurath betrieb dafür die Gründung des «Gesellschafts- und Wirtschaftsmuseums in Wien», das am 1. Januar 1925 ins Leben trat; ich machte Mitte Februar 1925 mein Staatsexamen in Göttingen und trat am 1. März meine Arbeit am Museum an.

[2] In einem früheren autobiografischen Text, geschrieben 1980 für Henk Mulder und nicht für die Veröffentlichung gedacht, verfasste Marie Neurath eine genauere Beschreibung dieser ersten Begegnung mit Otto Neurath im Siedlungsmuseum. Sie schrieb: «Otto bemerkte, wie beeindruckt ich war und fragte mich, ob ich dergleichen wohl auch entwerfen könne; was sollte ich sagen, hatte ich doch so etwas noch nie gesehen. ‹Aber›, fragte er, ‹wenn ich ein Museum gründe, wo solche Tafeln entworfen werden, würdest du da mitmachen wollen?› Da sagte ich uneingeschränkt: ‹Ja›, und habe es gemeint. Otto sagte darauf, mehr zu sich: ‹Nun weiß ich, dass ich es machen kann.›» Aus dieser Beschreibung geht hervor, dass Otto Neurath sofort instinktiv erkannt hatte, dass er genau die Richtige für die Transformationsarbeit gefunden hatte. Marie Neurath war immer sehr bescheiden, aber hier deutet sie an, dass Neurath ohne sie nie das Projekt des neuen Museums begonnen hätte.

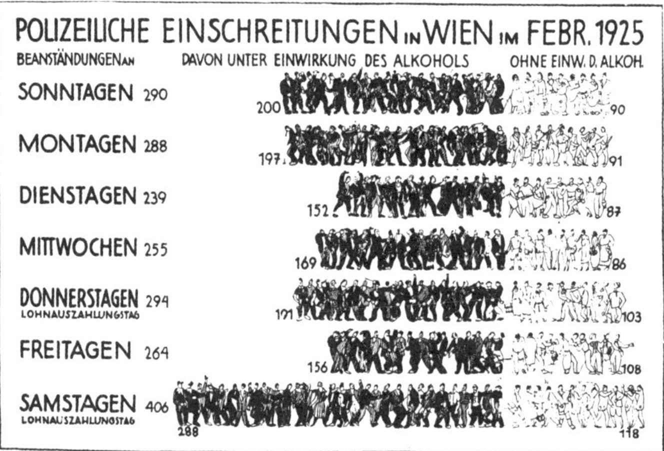

Der Arbeitsantritt

Zu Anfang wurde ich nur halbtägig mit allerlei Verwaltungsdingen beschäftigt: Anlegen eines Inventars, Kassaführung, Schreiben auf der Maschine. Zwischendurch gab Neurath mir das Statistische Jahrbuch des Deutschen Reiches und bat mich, allerlei Tabellen daraus zusammenzustellen. Zu dieser Zeit waren zwei Tafeln in Arbeit, die bereits Bildelemente aufwiesen. Zwei Zeichner arbeiteten daran mit Feder und Tusche. Diese beiden Tafeln sind in Reproduktionen erhalten. Neuraths Skizzen, nach denen die
Zeichner gearbeitet haben müssen, habe ich nicht in Erin-
1.01 nerung. Bei den «Polizeilichen Einschreitungen» gibt es noch
kein eigentliches Symbol, aber die wild wogende Menge ist
tatsächlich abzählbar; auch hat Neurath bereits eine Achse
verwendet, um eine stark schwankende Untergruppe von
einer mehr stetigen abzusondern. Bei der gleichzeitigen Tafel
1.02 von Geburt und Tod gibt es aber nur Symbole, wohl zum
ersten Mal. Ich zweifele nicht, dass Neurath von der üblichen
Kurvendarstellung ausgegangen ist, die er in *International*
1.03 *picture language* abgebildet hat. Er machte es klar, dass
die statistischen Mengen durch den Abstand der Kurve von der Achse dargestellt sind, indem er diesen Abstand mit senkrecht angeordneten Symbolen füllte; dabei musste er allerdings Geburten und Sterbefälle voneinander trennen und tat das hier durch anordnen oberhalb und unterhalb einer Achse; Geburtenüberschuss und -defizit mussten dann extra hinzugefügt werden. Dies hat offenbar eine Unbefriedigung zurückgelassen, und so kam es zu einer neuen Version,

1.01 Eine Ausstellungstafel, wahrscheinlich für gedruckte Vervielfältigungen modifiziert, zeigt die Polizeieinschreitungen vom Februar 1925 in Wien. (Österreichische Gemeinde Zeitung, 15.5.1926)

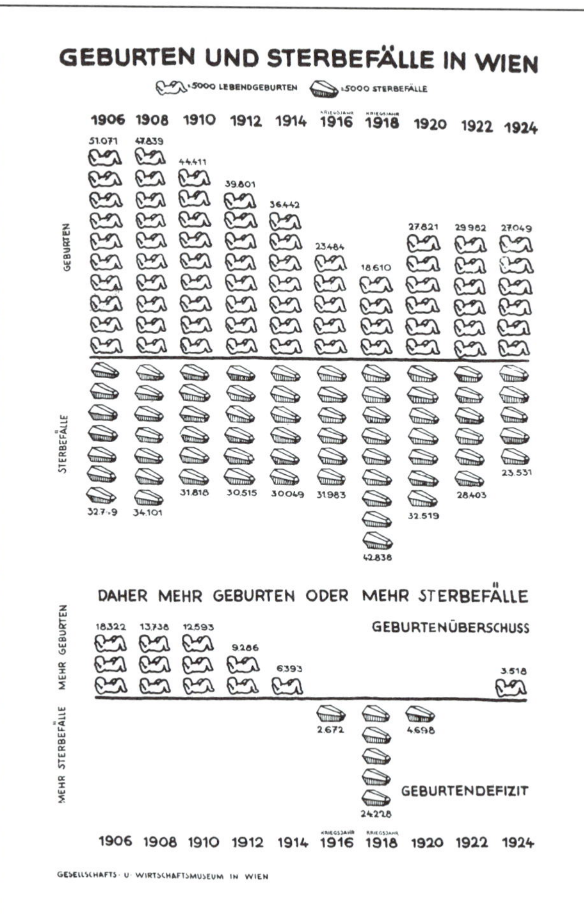

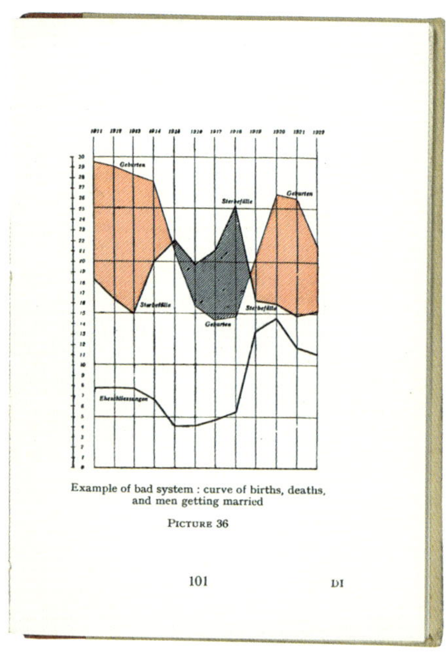

1.02 Diese Ausstellungstafel, wahrscheinlich für gedruckte Vervielfältigungen modifiziert, zeigt Geburten und Sterbefälle in Wien. (Österreichische Gemeinde Zeitung, 15.5.1926)

1.03 Eines von Otto Neuraths Beispielen einer schlechten Methode, die gleich mehrere Probleme aufweist: So führt zum Beispiel die durchgehende Linie zur Missinterpretation. Die Daten zeigen Jahressummen, aber die Linie deutet tägliche oder sogar noch feinere Einheiten an; Balken für Jahresdaten wären hier ehrlicher gewesen. Das Wort «graph» ist im Basic English nicht erlaubt, also wurde stattdessen «curve» verwendet. (IPL, S. 101)

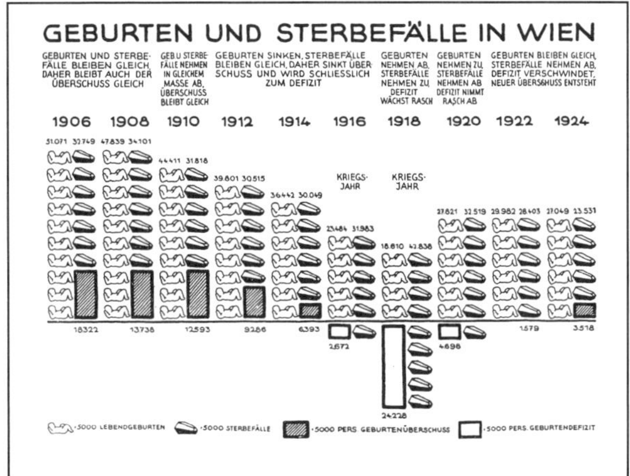

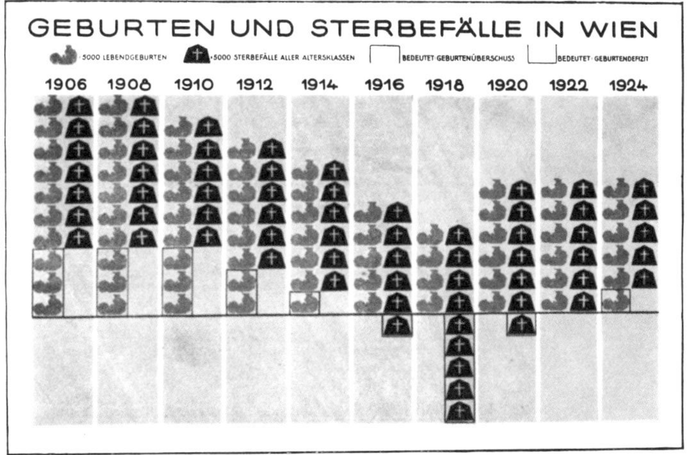

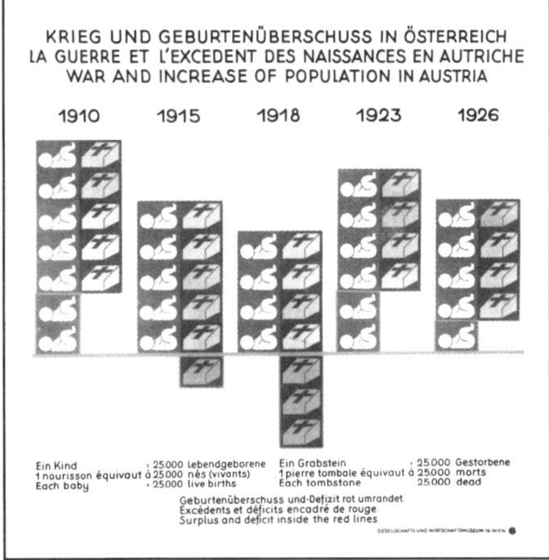

1.04–1.06 Tafeln (Geburten und Sterbefälle) mit vertikaler Anordnung der Symbole. Die ersten zwei für Wien, die dritte für Österreich. Die Überschrift weist auf die Bedeutung der Tafeln hin. (1.04: ÖGZ, 15. 8. 1925/1.05: ÖGZ, 15. 5. 1926/1.06: T3d)

noch mit vertikaler Anordnung der Symbole, aber neben- 1.04
einander, und so, dass Geburtenüberschuss und -defizit klar
sichtbar wurden. An die Besprechung einer anderen Änderung dabei erinnere ich mich. Da die beiden verwendeten
Symbole ungefähr die gleiche Fläche füllen mussten, sah der
Sarg neben dem Säugling so klein aus, dass man ihn für
einen Kindersarg halten konnte. Es wurde nun stattdessen 1.05
ein Grabstein als Symbol gewählt. Erst als wir so weit waren, 1.06
dass wir als Regel die horizontale Anordnung einführten,
die im Allgemeinen naheliegend und nur in wenigen Ausnah-
mefällen unverwendbar ist, nahm diese Darstellung ihre
endgültige Form an, die wohl zuerst in der *bunten Welt* veröf- 1.07
fentlicht wurde. Nun gab es nur noch gelegentliche Mei-
nungsverschiedenheit, ob der Sterbeüberschuss links oder
rechts von der Achse erscheinen sollte.

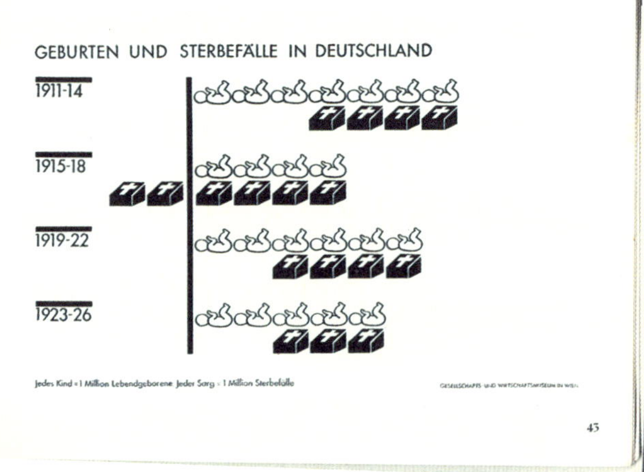

1.07 Diese Darstellung zeigt Geburten und Sterbefälle in Deutschland, mit den gleichen Daten wie in 1.02: Die Information ist nun horizontal angeordnet. (DBW, S. 43)

Das erste Büro

Nach den ersten Monaten, in denen wir Untermieter beim Österreichischen Verband für Siedlungs- und Kleingartenwesen waren, bekamen wir ein eigenes Büro im Bezirksamt des dritten Bezirks. Dort gab es einen großen Raum für Zeichner und alle Prozesse der Tafelherstellung; dort fing die langjährige Mitarbeit des Schweizer Grafikers Erwin Bernath und des Buchbinders Josef Scheer an; und dort, in einem kleineren Büroraum nebenan, neben Telefon und Schreibmaschine, wurde die entwerfende Skizze zu meiner Aufgabe. An die Vorbereitung für unsere erste Ausstellungsaufgabe, 1925, über das Gesundheitswesen kann ich mich nicht mehr erinnern; meine Rolle dabei war wohl sehr untergeordnet. Anders war das schon bei der Arbeit für die «GeSoLei», eine große Ausstellung in Düsseldorf über Gesundheitswesen, Sozialfürsorge und Leibesübungen, 1926. Am deutlichsten erinnere ich mich an die befriedigen-
1.08 de Darstellung des Altersaufbaus in Wien, vor und nach dem ersten Weltkrieg. Damals ging ich mit jeder Skizze zu Neurath ins Zimmer nebenan. Er hatte die glückliche Veranlagung, dass Unterbrechung in seiner Arbeit ihn überhaupt nicht störte; sofort war seine ganze Aufmerksamkeit auf meine Skizze gerichtet, und sofort hatte er eine Idee, wie man sie verbessern konnte; dann machte ich den nächsten Versuch und legte ihn wieder vor.

Die meisten Tafeln, die unsere Auftraggeber von uns haben wollten, habe ich vergessen. Dass ich aber bei der Vorbereitung der Ausstellung «Wien und die Wiener», 1927,

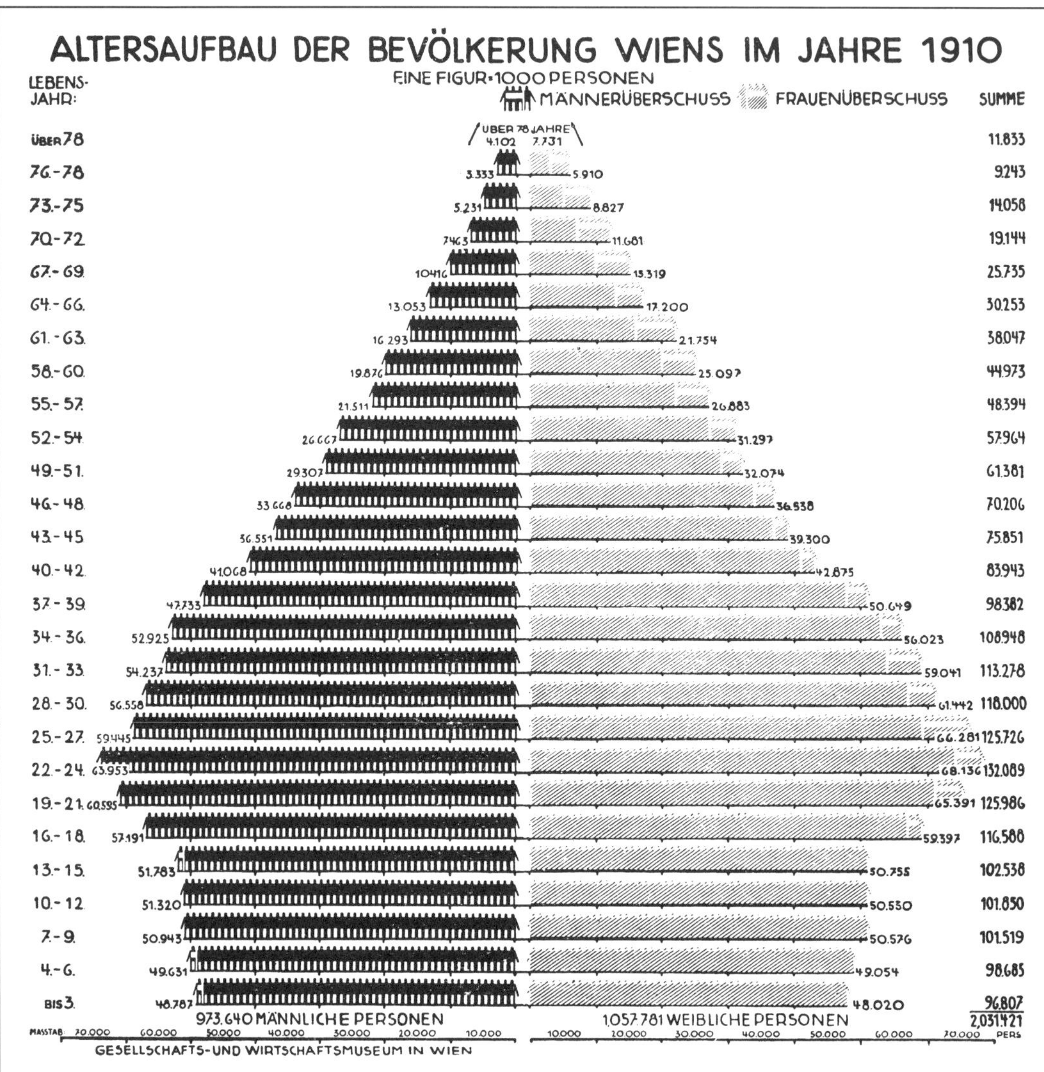

1.08 Eine Ausstellungstafel über den Altersaufbau der Bevölkerung in Wien. Männer (dunkel) sind links, Frauen (schraffiert) sind rechts. Genaue Zahlen werden neben den Figuren angegeben. (T25b, ÖGZ, 15.5.1926)

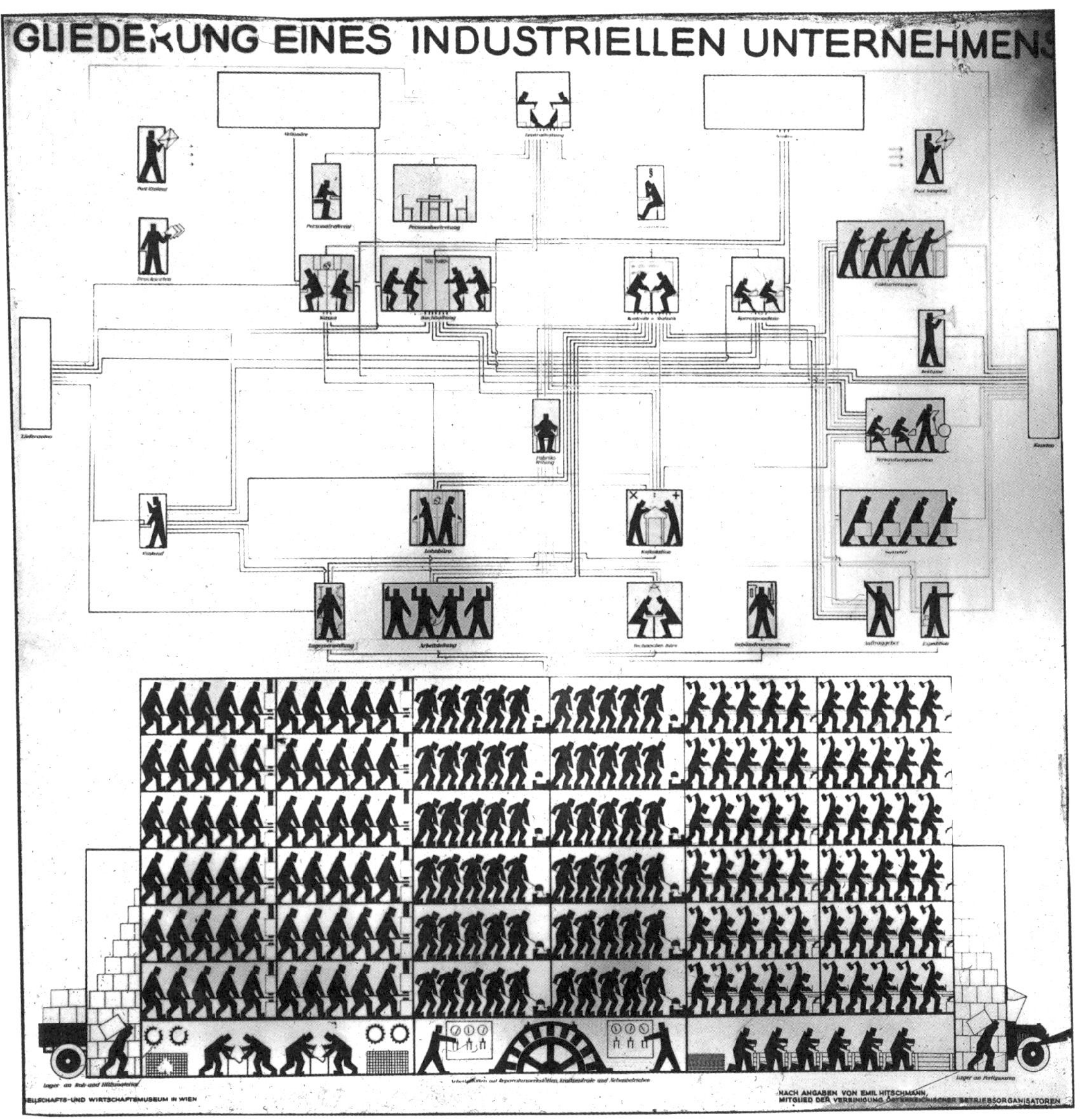

1.09 Eine Ausstellungstafel über die Gliederung eines industriellen Unternehmens. Unten rechts steht die Quelle: «Nach Angaben von Emil Hitschmann, Mitglied der Vereinigung Österreichischer Betriebsorganisatoren». (ÖGZ, 1.5.1927)

mit vollem Einsatz mitarbeitete, weiß ich noch genau. Wir hatten sehr viel zu tun und brauchten vorübergehend mehr Mitarbeiter. Es kam gelegen, dass uns neue Räume angeboten wurden. Ich fuhr per Rad zwischen den beiden Büros hin und her, mit meinen Skizzen, deren Ausführung ich beaufsichtigte; die Lohnauszahlungen waren auch meine Sache. In ruhigeren Zeiten zwischen solchen eiligen Aufträgen gab es dann oft besondere und interessantere Aufgaben zu lösen. Zum Beispiel habe ich mich mit einem unserer Zeichner (Friedrich Jahnel) sehr intensiv mit der Ausführung der Tafel
«Gliederung eines industriellen Unternehmens» befasst; **1.09**
vor allem die Verbindungslinien zwischen den verschiedenen Abteilungen mussten sorgfältig geplant werden. Der Autor dieser Tafel, der uns um die grafische Ausführung bat, freute sich, dass wir seine Ideen genau studiert, verstanden und befolgt hatten, und das wiederum freute mich. In solchen ruhigeren Zeiten ließ Neurath auch eigene Themen behandeln, wie Bevölkerung der Erde und Mächte der Erde, und es entstanden 1927 die ersten schwarz-weißen Broschüren: *Die Gewerkschaften* und *Die Entwicklung von Landwirtschaft und Gewerbe in Deutschland.*

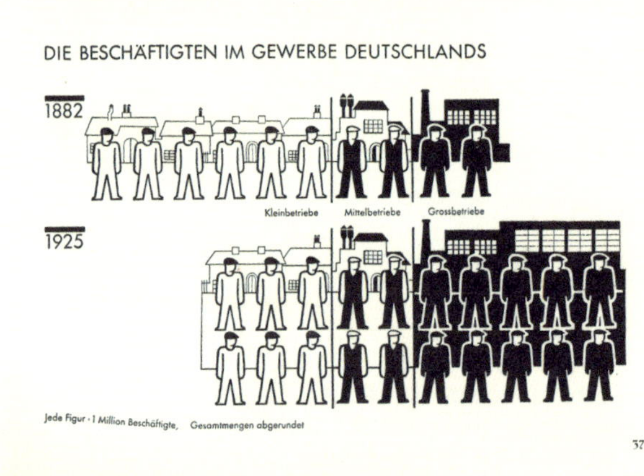

Da gab es interessantere Themen und größere Anforderungen
an meine Entwurfsarbeit (die erst später den Namen «Transformation» erhielt). Mein Lernprozess an der Tafel «Die Be-
1.10 schäftigten im Gewerbe Deutschlands» nach Betriebsgrößen
und das Hand-in-Hand-Arbeiten mit Neurath hat innerhalb
eines Tages zu einer befriedigenden Lösung geführt, die
wir nie mehr aufgegeben haben. Die Anordnung der Zeichen macht es möglich, die Verdoppelung der Zahl aller Beschäftigten zu sehen, und die drei Untergruppen in ihrem relativen Anteil wie auch in ihren absoluten Größen vergleichen zu können. Ich erinnere mich, dass der letzte Anstoß zu einer weiteren Verbesserung von Neurath kam: Stell die mittelgroßen Betriebe untereinander; dann haben wir eine Achse, die die Verschiebung von Klein- zu Großbetrieben deutlich macht. Wie viel befriedigender ist diese Lösung als eine andere, bei der gezeigt würde, dass die Zahl der Beschäftigten in Kleinbetrieben gleich geblieben ist, die in Mittelbetrieben sich verdoppelt hat und die in Großbetrieben sich verfünffacht hat, was sicherlich bemerkenswert ist; aber die treppenartige Anordnung der Zeichen in ein, zwei und fünf Reihen hätte nicht den Eindruck einer geschlossenen Gruppe gegeben, und dass die Gesamtzahl doppelt so groß ist als die des früheren Jahres, hätte sich überhaupt nicht gezeigt.

Diese Anordnung, bei der sowohl die prozentuellen Anteile als auch die absoluten Größen verglichen werden können, haben wir immer wieder verwendet. Schon in *Die bunte Welt* ist ein Beispiel dafür, die «Bodennutzung einiger

1.10 Tafel über die Zahl der Beschäftigten in Deutschlands Gewerbeindustrie, gruppiert nach Betriebsgröße, überarbeitet für die Reproduktion in einem Buch. (DBW, S. 37)

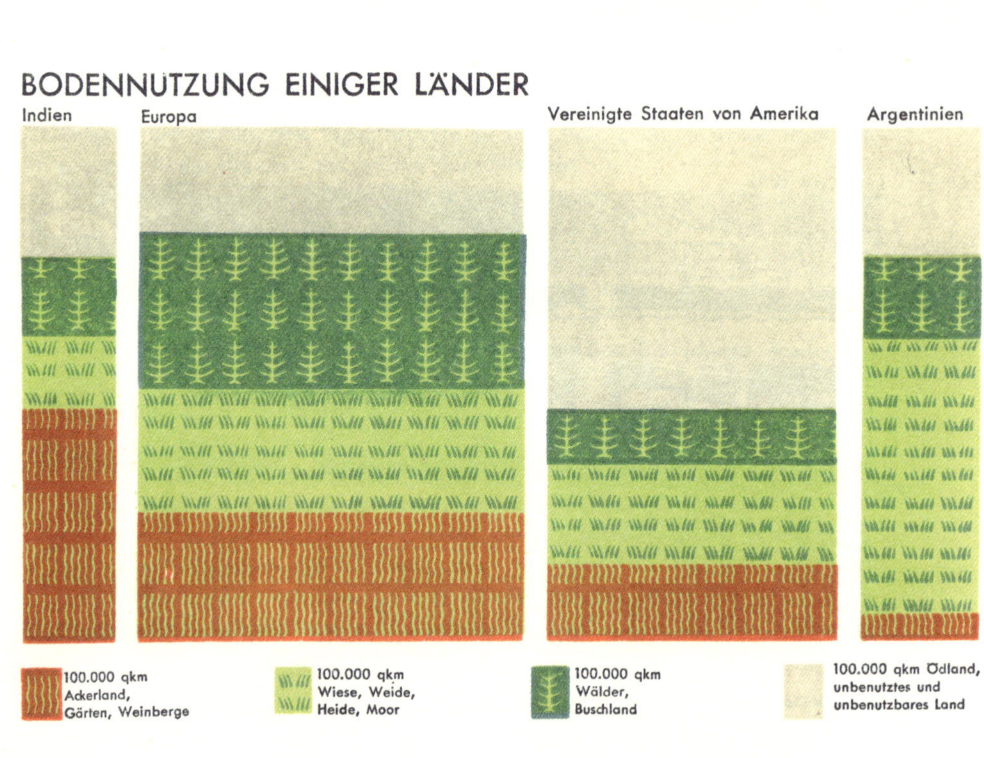

Länder». Auch hier bilden zehn Einheiten das Grundprinzip der Anordnung für das leichte Ablesen der prozentuellen Unterteilung; in späteren Darstellungen wurde auch das Ödland durch kachelartige Einteilung abzählbar gemacht. 1.11
Es gibt viele andere Beispiele von Darstellungen, bei denen außerdem die Achse zur Verwendung kommt. Eine der schönsten Tafeln, die wir je gemacht haben, gehört auch in diese Gruppe (*Modern Man in the Making*). Sie stellt die Weltreiche in der Geschichte der Menschheit dar, wobei Neurath 1.12
ein Reich als Weltreich bezeichnet, wenn es ein Viertel der Menschheit umfasst. Für diese Darstellung wurden Reihen von zwanzig Elementen verwendet. Es gibt keine Achse; die Farbe hilft, wo sonst die Achse half; sie deutet die

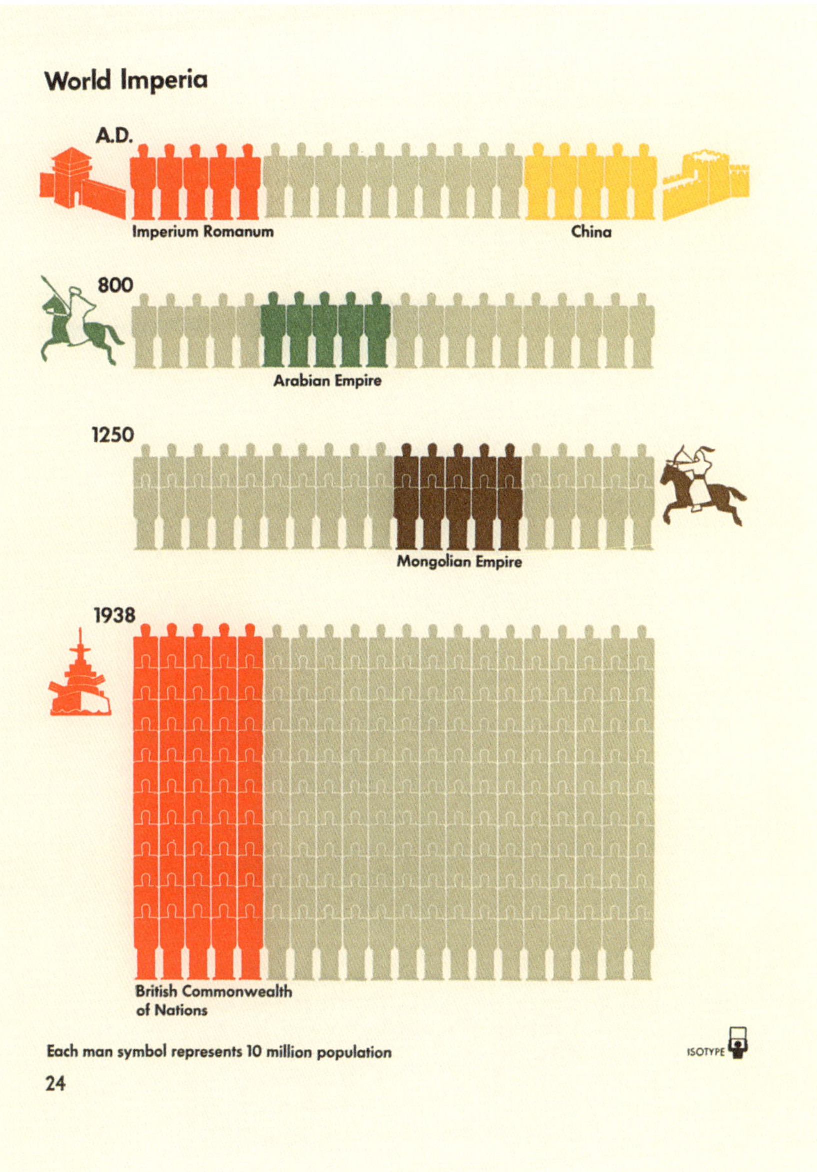

1.11 Vergleich der Bodennutzung einiger Länder, ebenfalls für die Reproduktion in einem Buch geändert. Siehe Abbildung 1.27 für eine spätere Version der gleichen Information. (DBW, S. 22)

1.12 Obwohl das Thema der Staatsmacht gängig in Isotype war, scheint das Thema der Weltmächte nicht vor dieser Buchtafel für *Modern Man in the Making* behandelt worden zu sein. (MMM, S. 24)

geografische Verschiebung der Reichsmittelpunkte an. Die in denselben Farben beigegebenen «Führungsbilder» (im Schaubild enthaltene Illustrationen, die den Betrachter auf eine Bedeutung hinweisen) charakterisieren diese Reiche, die in verschiedener Weise ihren Zusammenhalt und ihre Macht sicherten.

Für meine Transformationsarbeit wurde ich mit gutem Handwerkszeug versehen: Buntstifte und etwa quartogroße Durchschlaghefte, in denen das Deckblatt quadratisch liniert war; das war nützlich für meine Skizzen, und ich behielt einen Durchschlag im Heft zurück. Auch für die technische Tafelausführung haben wir die Papierläden damals durchsucht; wir waren vom Zeichnen der Symbole zum Aus-

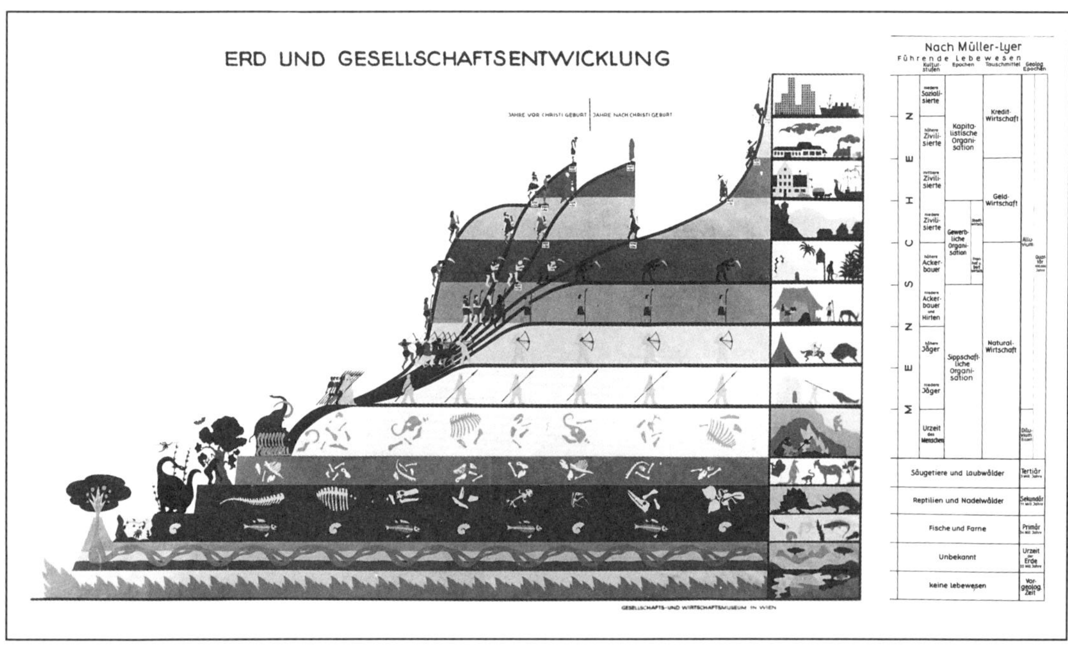

1.13 Die Tafel zeigt die Entwicklung der Erde und der menschlichen Gesellschaft nach Informationen vom Soziologen Müller-Lyer und wurde in der Volkshalle in Wien ausgestellt (siehe 1.14). (T1)

schneiden aus gummiertem Buntpapier übergegangen, was zwar zur Vereinfachung der Formen führte, aber immer noch Aufzeichnen jeden Umrisses auf der Rückseite des Papiers und Ausschneiden mit der Hand benötigte. Wir haben uns immer wieder den Kopf zerbrochen, wie man das Herstellen gleicher Symbole mechanisieren könne; etwa mit Stanzen? Diese Idee wurde schnell wieder verworfen. Wir haben früh an Linolschnitt gedacht. Aber die Leute, die wir deswegen um Rat baten, rieten ab; die von Neurath erwünschte Klarheit und Schärfe könne damit nicht erzielt werden. Doch da waren wir schlecht beraten. Es gab Linol, das den Anforderungen wohl genügte. Als Arntz, der im Holzschnitt Erfahrene, zu uns kam, wurde der Linolschnitt eingeführt und dann für unsere Arbeit in Wien und in Holland beibehalten.

Die Verwendung von Farben wurde langsam auch Regeln unterworfen. Bei Ausstellungstafeln liegt kein technischer Grund vor, die Zahl der Farben einzuschränken. Aber es gibt andere Gründe. Neurath machte sich zum Beispiel klar, dass die vielen Abstufungen von Grün, die er auf Stadtplänen von Wien verwendet hatte, oft gar nicht bemerkt oder erinnert werden, und er beschloss, auf sie zu verzichten aus pädagogischen Gründen. Mit der Zeit wurden die Regeln strenger: Die Farben bekamen ihre pädagogischen Aufgaben wie die Formen, und man musste für ihre Verwendung gute Gründe haben. Ich erinnere mich deutlich an die Situation, in der ich dies begriff. Wir waren noch in unserem ersten Büro. Während einer Vortragsreise von Neurath nach Deutschland arbeiteten ein Zeichner (Bruno Zuckermann)
1.13 und ich zusammen an einer Tafel (über Phasen der Kultur nach Müller-Lyer), deren Fertigstellung ihn bei seiner Heimkehr erfreuen sollte. Aber er war sehr ärgerlich: Warum diese vielen Farben? Was sollen sie besagen? Was für Gründe könnt ihr für sie vorbringen? So bekamen wir unsere Lehre. Aber Neurath hat die Tafel doch rahmen lassen und hat ihr einen Sonderplatz in unserer Hauptausstellung gegeben, den sie bis zum Schluss behalten hat. Aber eine gewisse Willkürlichkeit der Farbwahl blieb noch eine Weile bestehen. Wir waren bereits in unser neues und endgültiges Büro, Ullmannstraße 44, XIV, umgezogen, als wir noch eine «Rosagruppe» und eine «Ockergruppe» hatten, je nach den bevorzugten Farben.

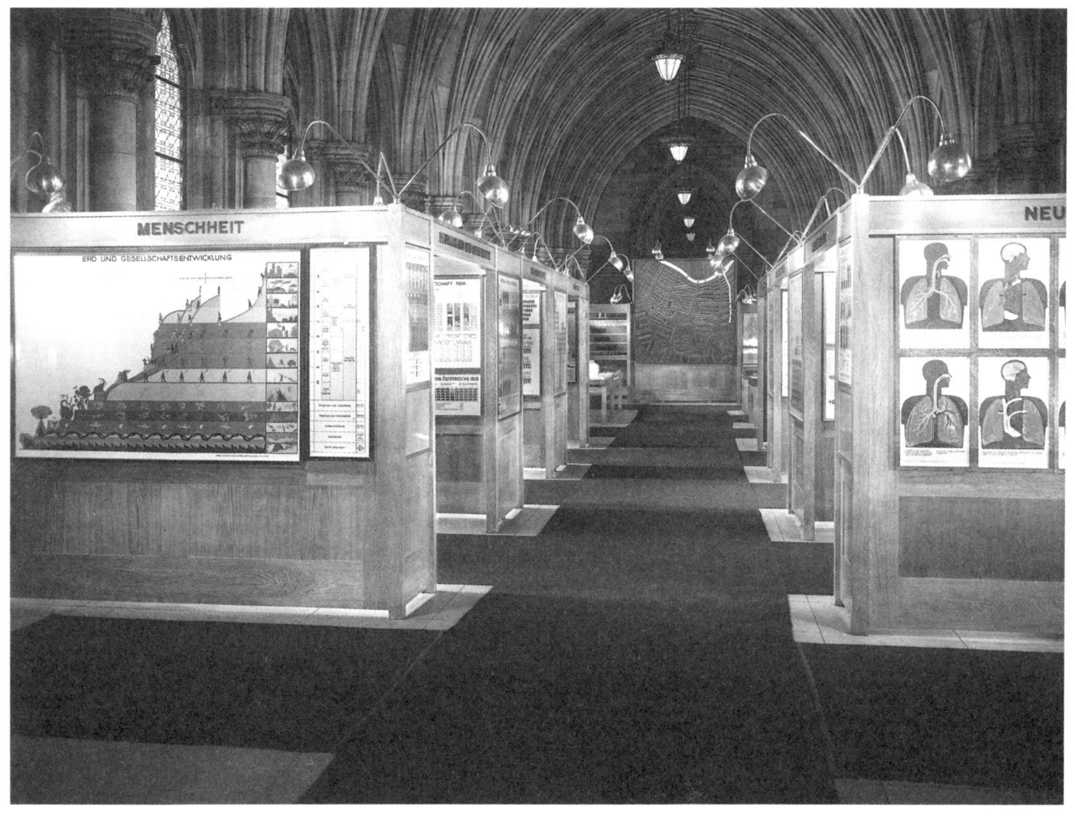

1.14, 1.15 Die Dauerausstellung des Gesellschafts- und Wirtschaftsmuseums im Neuen Rathaus in Wien: oben tagsüber und auf S. 35 bei Nacht. Die Ausstellung war Sonntag (von 9 bis 13 Uhr) sowie Donnerstag und Freitag (von 17 bis 19 Uhr) geöffnet. →

Die Volkshalle und die letzte Adresse

Um die Zeit dieses Umzugs bot die Gemeinde Wien uns
1.14 die Volkshalle im Neuen Wiener Rathaus für unsere Haupt-
1.15 ausstellung an. Sie wurde, nach Monaten von Vorbereitungs-
arbeiten, am 7. Dezember 1927 eröffnet. Die Einrichtung war eine willkommene Aufgabe für Neuraths Kraft der Gestaltung. In dieser düsteren, neugotischen Halle sollte ein modernes Museum entstehen, das den Besucher anlockt und befriedigt. Der beratende Architekt Josef Frank schlug vor, Rahmen und Gestelle nicht mehr schwarz zu beizen, sondern in ihrer natürlichen Holzfarbe zu belassen, rote Läufer zu legen und keine Raumbeleuchtung zu haben, sondern nur die Tafeln stark anzustrahlen. So war nur der Raum unten hell, und die Gewölbe verschwanden im Dunkeln, das tatsächlich unbeachtet blieb. Für den quadratischen Eingangsraum, den der Besucher, vom Rathausplatz kommend, zunächst betrat, hatte Neurath als ersten Blickfänger eine Riesenkarte von Österreich erdacht. Damals kamen, für Schaufenster usw., Schrifttafeln auf, deren Texte leicht geändert werden konnten: Die Tafeln waren aus Eisen und die Buchstaben magnetisch. Das brachte Neurath auf die Idee, magnetische Symbole zu verwenden, und es entwickelte sich eine fruchtbare Zusammenarbeit mit der betreffenden Firma. Wir bekamen eine 8 × 4 m große, auf Holz montierte Eisenplatte, und die magnetischen Stücke zum Aufsetzen waren Quadrate von etwa 2 cm Seitenlänge, die wir nach den Hauptindustriegruppen einfärbten; aufgemalte Symbole gaben die Untergruppen an. Das Gewagteste aber an dieser Karte war,

dass die Gebirgsteile Österreichs durch ein flaches Relief gezeigt wurden, das längs der 1 000-Meter-Höhenlinie ausgeschnitten war und an den betreffenden Stellen auf der Karte angebracht wurde. Die ganze Karte – die noch sichtbaren Teile der Eisenplatte und die aufgesetzten Teile der Holzplatte – wurden nach Bodennutzung eingefärbt. Magnetische Symbole gab es nur für das Land unter 1 000 m, und die Holzplatte brauchte keine eiserne Oberfläche. Diesen Plan einer Karte hatte Neurath vorher mit dem Geografen Professor Lehmann besprochen, der gegen die starke Vereinfachung große Bedenken gehabt hatte. Neurath hatte sich aber durch diese Warnung nicht abschrecken lassen, und Professor Lehmann wurde zum Schluss völlig gewonnen für die Tafel und hat sich in einem Artikel zu ihr bekannt.

Magnettafeln wurden noch bei anderen Gelegenheiten verwendet. Einmal machten wir für eine Ausstellung eine Wetterkarte von Österreich und passten die Zeichen täglich dem Wetterbericht an. Auch im Schulunterricht wurden sie verwendet: Auf einer Eisentafel konnte zum Beispiel eine Landkarte durch Magnete festgehalten werden, und magnetische Symbole konnten darauf gesetzt werden.

Im Hauptraum der Volkshalle war links an der Außenwand der ersten Koje unsere Tafel der Phasen der Kultur, und der rote Läufer zwischen den Kojen lenkte den Blick auf eine weitere überdimensionierte Tafel, den Wohnbau betreffend. Im Mittelraum gab es auch eine Reihe von Modellen: vereinfachte Wohnbaumodelle, aus ausgesägten Schichten aufgebaut; übereinander montierte durchsichtige Grundrisse der Stockwerke eines großen Hallenbades mit allen Nebenräumen; Park- und Planschbeckenanlagen mit gedrechselten Baumsymbolen. Diese waren bei den jugendlichen Besuchern sehr beliebt, und einige davon verschwanden immer wieder. Neurath wollte aber nicht mehr Aufsichtspersonal, sondern lieber mehr Nachschub von gedrechselten Bäumchen haben.

Ich musste oft Schulklassen im Museum herumführen und tat es gern. Ich konnte Fragen stellen, und die Kinder konnten die Antworten aus den Tafeln ablesen. Die Kojen waren gerade groß genug für solche Gruppen, und die Tafeln darin konnten leicht miteinander verglichen und in Zusammenhang gebracht werden und so die Information bereichern. Man konnte bei diesen Unterhaltungen auch bemerken, wann eine Darstellung nicht leicht genug verständlich war, und dadurch uns, die Darsteller, belehren. Ich habe gelegentlich auch Kinder beobachtet, die auf eigene Faust ins Museum kamen. Ich erinnere mich an einen Schuljungen, der sich in Ruhe eine Tafel ansah; die kleine Schwester an seiner Hand war gar nicht gelangweilt, sah sich die Figuren an und zählte sie ab. Das war ein Beispiel dafür, dass die Tafeln für jeden irgendetwas bedeuten, dass sie sich gegen niemanden verschließen, dass sie mehrere Grade von Verstehen zulassen. Das hat Neurath oft betont. Etwas anderes, das Neurath am Museum als Aufklärungsmittel schätzte war, dass es neutral ist, objektive Tatsachen liefert und Beurteilung und Bewertung dem Beschauer überlässt.

Am Ende der Haupthalle war noch ein quadratischer Raum, der für Vorträge und Projektionen von Lichtbildern und Filmen vorgesehen war. Die Herstellung von Diapositiven wurde immer mehr vervollkommnet – zu Filmen ist es aber kaum gekommen damals. Neurath ahnte, dass sie eines Tages an die Reihe kommen würden.

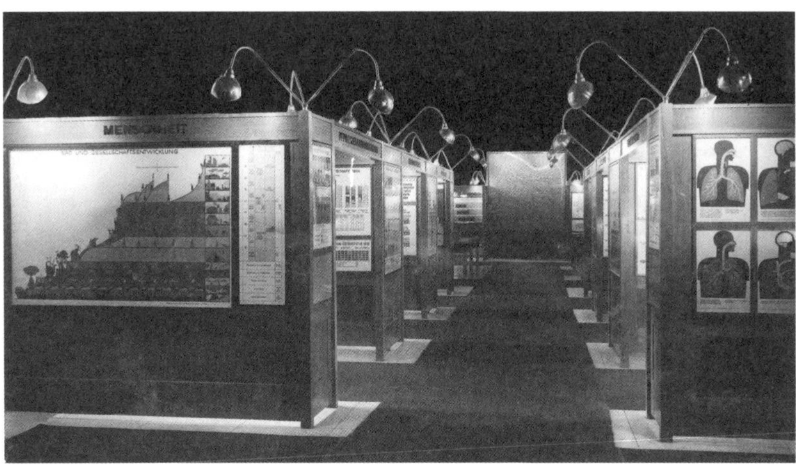

1.15

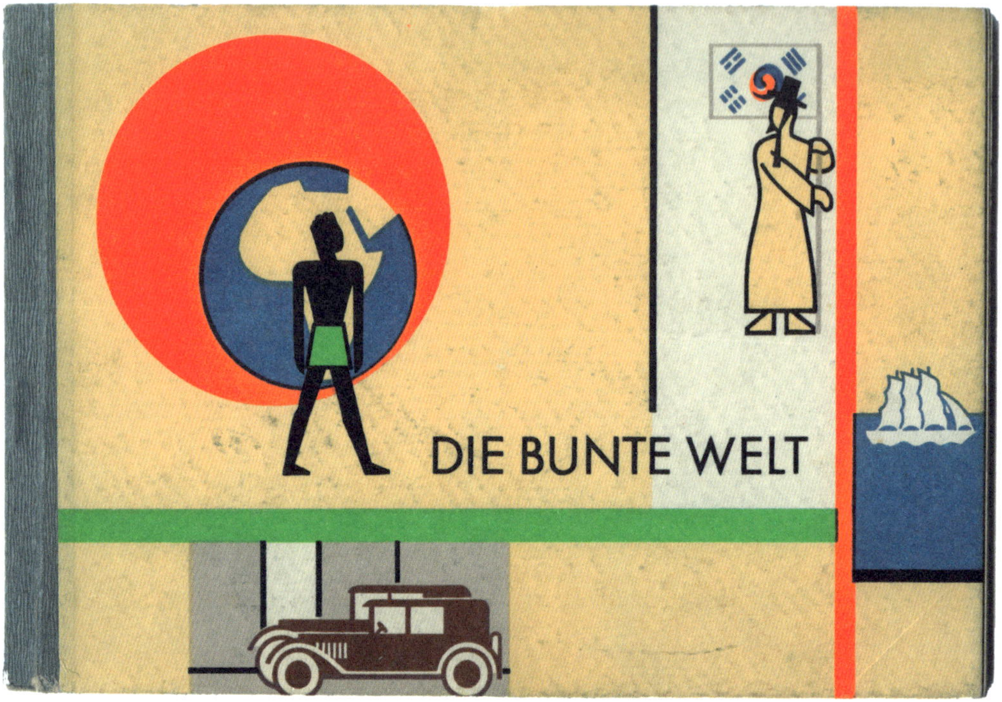

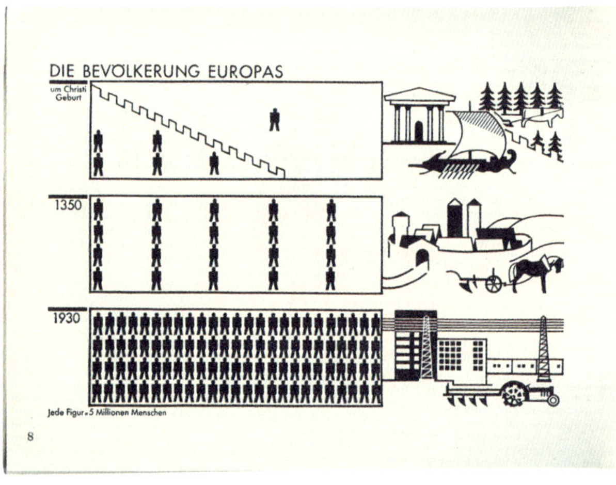

1.16 Umschlag von *Die bunte Welt, Mengenbilder für die Jugend*. Das Gesellschafts- und Wirtschaftsmuseum in Wien wird auf der Titelseite als Autor gelistet.

1.17 «Die Bevölkerung Europas» (*Die bunte Welt*, Seite 8); die sogenannten «Führungsbilder» (rechts) sind hier wichtiger als später in typischen Isotype-Schaubildern üblich.

Die bunte Welt & Gesellschaft und Wirtschaft

Erst gab es noch andere Aufgaben zu lösen. Nach der Eröffnung der Volkshalle fand sich ein Wiener Verleger, der sich an eine farbige Buchpublikation wagte, mit deren Herstellung
1.16 wir 1928 beschäftigt waren, *Die bunte Welt*. Es ist eine merkwürdige Mischung verschiedener Stilperioden, es zeigt, wie wir uns in dieser Zeit schnell veränderten. Kaum hatten wir dies Büchlein fertiggestellt, als eine neue und viel größere Aufgabe an uns herantrat: Ein Leipziger Verlag, das Bibliographische Institut, wollte zur Feier eines Jubiläums etwas Besonderes herausbringen und wandte sich an Neurath um Vorschläge. So kam es zum Mappenwerk *Gesellschaft und Wirtschaft*, an dem wir ein ganzes Jahr, 1929, arbeiteten.

Für *Die bunte Welt* wurde alles Mögliche verwendet, das wir schon früher entweder als Ausstellungstafel oder in Reproduktion gezeigt hatten, und allerlei Buntes wurde hinzugefügt – zu Buntes, wenn man die Kosten der Reproduktion bedenkt. Ich erinnere mich an unsere damaligen Mitarbeiter im technischen Büro, zu denen am Schluss Arntz hinzukam, der außer einigen Schwarz-Weiß-Tafeln auch den Umschlag gestaltet hat. Von meiner eigenen Mitarbeit weiß ich nur noch wenig; ich habe mich zum Beispiel um die Vereinfachung der flächentreuen Weltkarte bemüht. Meine
1.17 Lieblingstafel, Seite 8, «Die Bevölkerung Europas», ist im wesentlichen Neuraths Idee und zeigt, wie er Geschichte unterrichtet hat; meine Aufgabe hierbei war nur, eine sinnvolle Anordnung der Figuren zu skizzieren. Wahrscheinlich habe ich einige der Tafeln gar nicht skizziert, denn als wir das

größere Büro im XIV. Bezirk bezogen, kam ein zweiter für die Transformation zu uns, Bauermeister.

Die Vorbereitung für *Gesellschaft und Wirtschaft* war ganz anderer Art. Es sollte etwas geschaffen werden, was sich auf dem internationalen Markt zeigen kann, und der Verleger zahlte gute Vorschüsse. Neurath konnte sich die besten wissenschaftlichen Berater und Mitarbeiter leisten. Außer dem schon früher durch Professor Lehmann bei uns eingeführten Statistiker Dr. Alois Fischer kamen der Historiker Dr. Robert Bleichsteiner vom Völkerkundemuseum, der Kunsthistoriker Dr. Schwieger, Assistent von Prof. Strygowski, der Kartograf Professor Karl Peucker und gelegentlich ein Historiker der Technik, dessen Name mir nicht einfällt. Sie versammelten sich regelmäßig bei uns als unsere «Akademie»; ich war immer dabei, da mir die Transformationen für dieses Werk anvertraut wurden. Es war ein Gewinn, dass ich meine Transformationen außer Neurath auch diesen Fachleuten vorlegen konnte. Neurath hatte seine Ideen, was dieses Werk behandeln sollte; die Fachleute lieferten das Material, wo das möglich war, und gaben Rat, wenn nach einem Thema gesucht wurde. Ich erinnere mich zum Beispiel daran, wie Neurath sagte, dass wir unter den Reichen der Weltgeschichte unbedingt noch die Mongolen behandeln müssten, aber was könnten wir von ihnen zeigen, da weder Städte noch Produktion, wie im Römerreich, bei ihnen eine Rolle spielten. Dr. Bleichsteiner schlug vor, die Straßen zu zeigen, die die schnelle Verbindung zwischen Heimatland und den weit entfernten Grenzen des Reiches ermöglichten. Diese Akademie war ein Erlebnis für mich, man war unter Leuten, die ihre Sache beherrschten. Einmal unterhielten Bleichsteiner und Fischer sich über eine Gegend in Zentralasien, als ob sie ihre letzten Sommerferien dort verbracht hätten. Ich selber habe besonders viel von Professor Peucker, dem Kartografen, gelernt. Als ich ihm meine Kartenvereinfachungen in der *Bunten Welt* zeigte, war ihm zwar die gewählte flächentreue Projektion recht; «aber», sagte er, «wir müssen der Sache etwas mehr Leben geben.» Was er damit meinte, sah ich an seinen Skizzen bald: Ich hatte oft mechanisch vereinfacht, er aber deutete an, wo es wichtige Gebirgsvorsprünge oder Flusseinschnitte oder Deltavorlagerungen gab an der Küstenlinie. Neurath ließ sich viele neue

Projektionen zeichnen, immer flächentreue, was bei unseren
mengenmäßigen Darstellungen angebracht war. Er bestellte
Weltkarten mit verschiedenen Meridianen in der Mitte,
um die Welt in verschiedenen Perspektiven zu sehen. Für das
1.18 Araberreich wünschte er sich eine Karte, auf der Arabien
wie ein Sockel in der Mitte steht und die Eroberungsgebiete
1.19 sich wie Flügel seitlich ausbreiten. Bei den Karten der alten
1.20 Kulturen in Lateinamerika wendeten wir Peuckers ursprüng-
liche Farbvorschläge für die Höhenschichten an; die waren
einst auf einem internationalen Treffen akzeptiert, aber
dann unrichtig durchgeführt worden. Von Schwieger stamm-
1.21 te der Vorschlag, eine Karte einstiger und noch bestehender
1.22 Wälder zu machen, und auch die Klosterkarte.

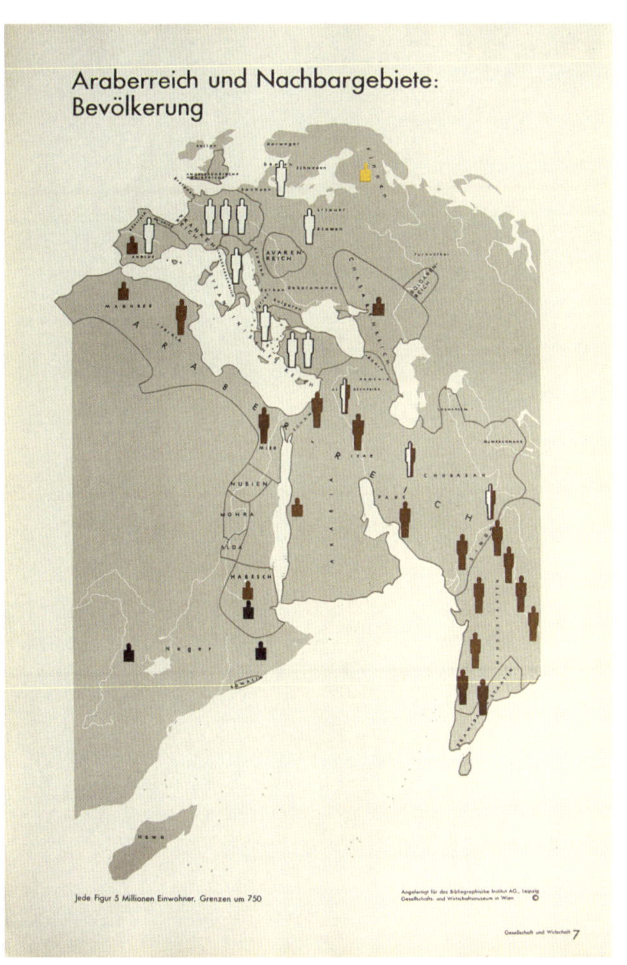

1.18 «Araberreich und Nachbargebiete: Bevölkerung» (GUW, Tafel 7): Eine von zwei Tafeln über die Geschichte dieser Region. Ethnische Gruppen sind durch Farbe gekennzeichnet; man beachte die unterschiedlichen Darstellungsarten von Bruchzahlen. (Tafelgröße der GUW-Tafeln: 300 × 450 mm)

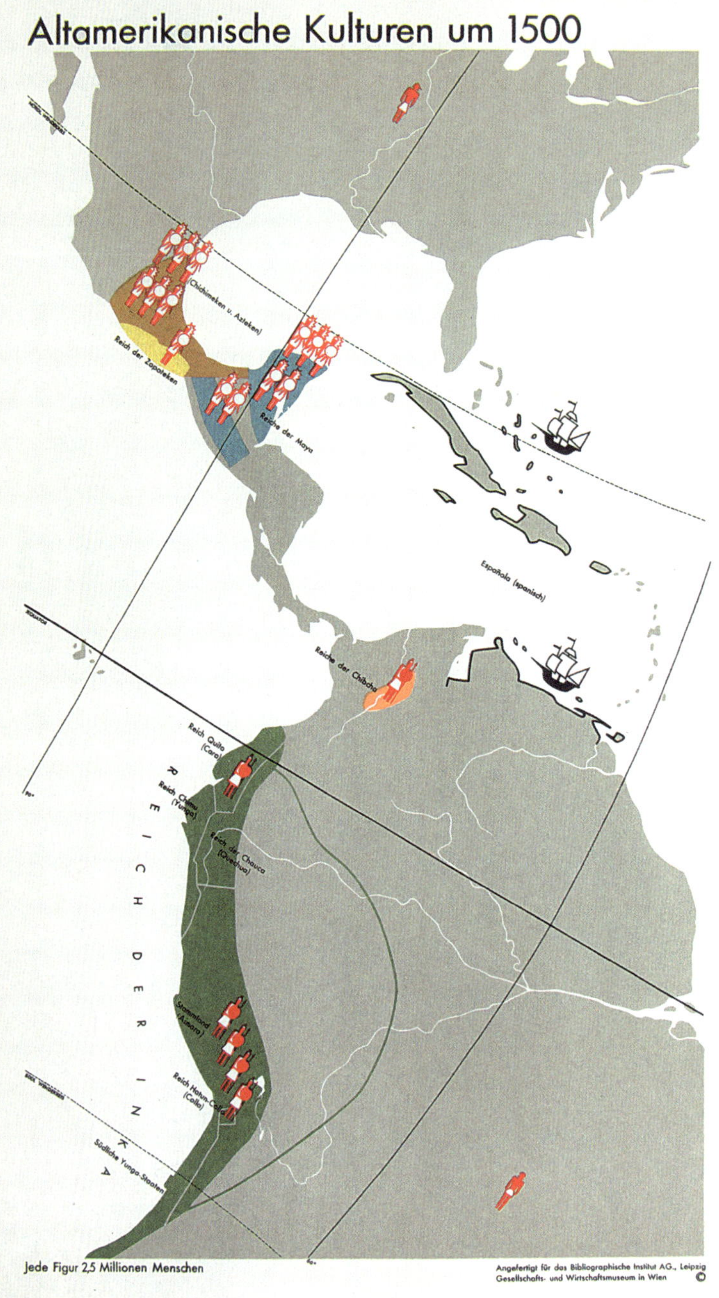
Altamerikanische Kulturen um 1500
Chichimeken u. Azteken
Reich der Zapoteken
Reiche der Maya
Española (spanisch)
Reiche der Chibcha
Reich Quito (Cara)
Reich Chimu (Yunga)
Reich der Chauca (Quechua)
Stammland (Aimara)
Reich Hatun-Colla (Colla)
Südliche Yunga-Staaten
REICH DER INKA
Jede Figur 2,5 Millionen Menschen
Angefertigt für das Bibliographische Institut AG., Leipzig
Gesellschafts- und Wirtschaftsmuseum in Wien ©

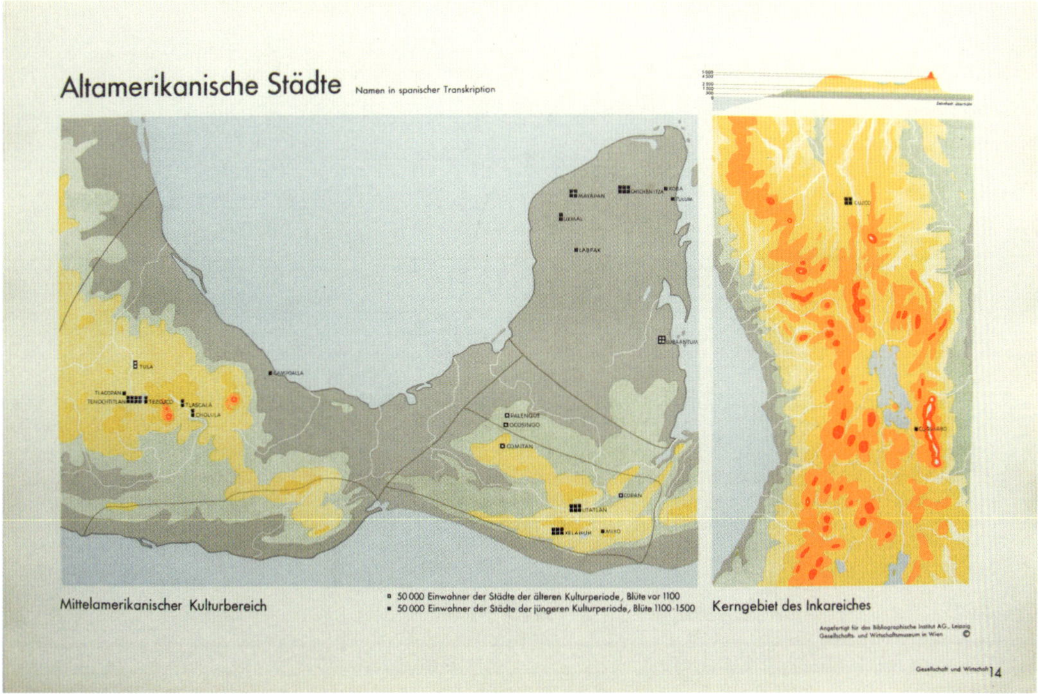

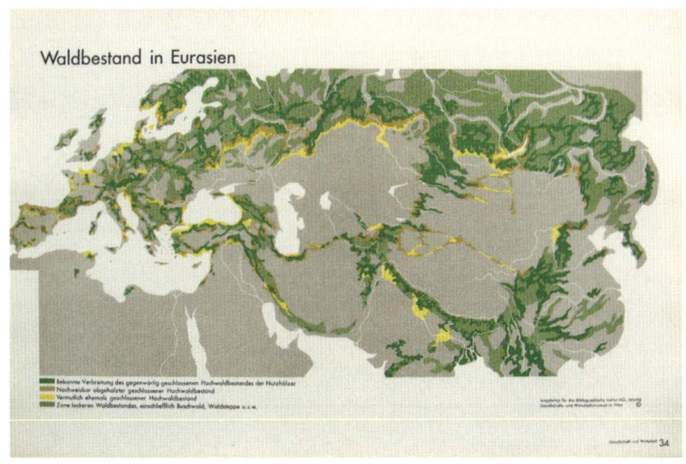

1.19 «Altamerikanische Kulturen um 1500» (GUW, Tafel 13). Die Gebiete der Ureinwohner und die spanischen Einflussgebiete werden auf Basis historischer Kenntnisse dargestellt.

1.20 «Altamerikanische Städte» (GUW, Tafel 14). Die Farbkodierung für die Höhenmeter wird im Schnitt eines Inkagebietes rechts dargestellt.

1.21 «Waldbestand in Eurasien» (GUW, Tafel 34). Farben werden verwendet, um verschiedene Waldgebiete zu kennzeichnen. Verschiedene Zonen wurden wie folgt markiert: bekannte Wälder (dunkelgrün), nachgewiesene Waldgebiete (hellbraun), vermutlich ehemalige Wälder (gelb), lockere Waldbestände (hellgrün). Die Betrachter können auf dieser Basis darüber diskutieren und nachforschen.

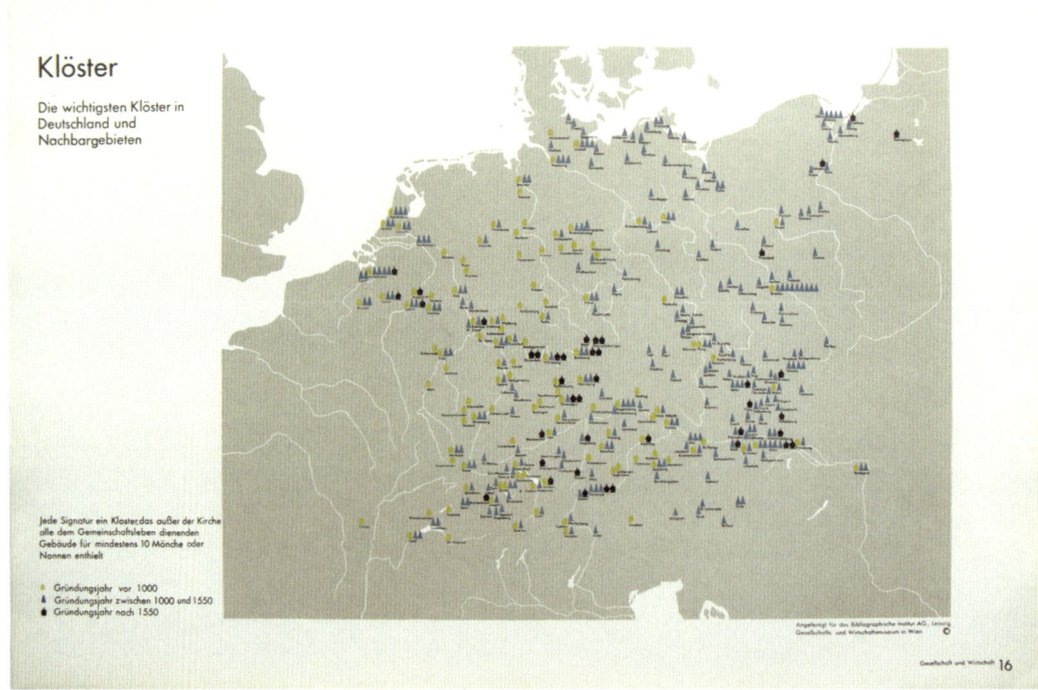

Mehr als bei den früheren Arbeiten habe ich bei den einzelnen Transformationen an das Werk im Ganzen gedacht; Tafeln, die mit ähnlichen Themen zu tun haben, müssen einander zugeordnet werden können. Wir hatten eine ganze Reihe von Wirtschaftskarten zu machen, auf denen Produk- 1.23
tion und Verbrauch gezeigt wurden; was von den produzier- 1.24
ten Mengen exportiert wurde, bekam das Zeichen eines kleinen Schiffes als Basis, und der Import wurde in den Ländern des Verbrauchs nur in Umriss gezeigt, wobei die Wege des Exports offen blieben. Außerdem wurde für eine Reihe 1.25
von Produkten die Entwicklung gezeigt, nach Herkunfts- 1.26
ländern. Wie sollte man diesen Darstellungen eine Struktur geben? Ich beschloss, es mit einer Achse zu versuchen, die

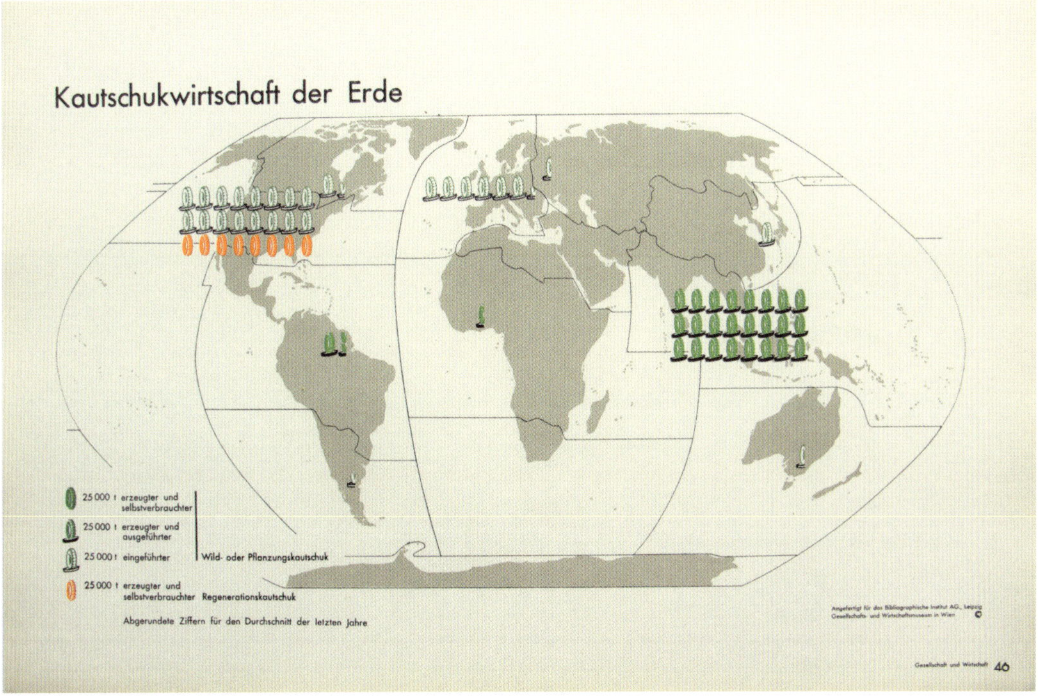

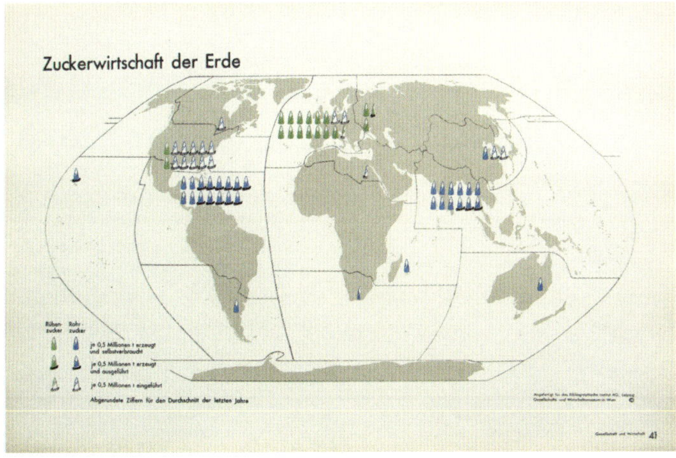

1.22 «Die wichtigsten Klöster in Deutschland und Nachbargebieten» (GUW, Tafel 16). Drei Kategorien von Klöstern (nach Gründungsjahr) wurden gewählt. Der Wachstum (besonders im Osten) in der Anzahl von Klöstern im mittleren Zeitraum (1000–1550) – blaue Symbole – ist deutlich.

1.23 «Kautschukwirtschaft der Erde» (GUW, Tafel 46). Symbole nur mit Konturlinie bezeichnen Importe, Symbole mit Flächenfarbe bezeichnen Exporte; Orange zeigt recycelten Kautschuk.

1.24 «Zuckerwirtschaft der Erde» (GUW, Tafel 41). Zuckerrüben werden grün dargestellt, Rohrzucker wird blau dargestellt; Import und Export unterscheiden sich auf die bekannte Art und Weise (Kontur vs. Fläche).

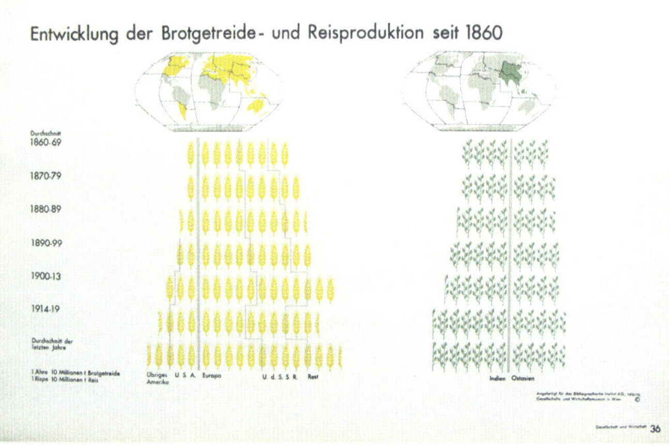

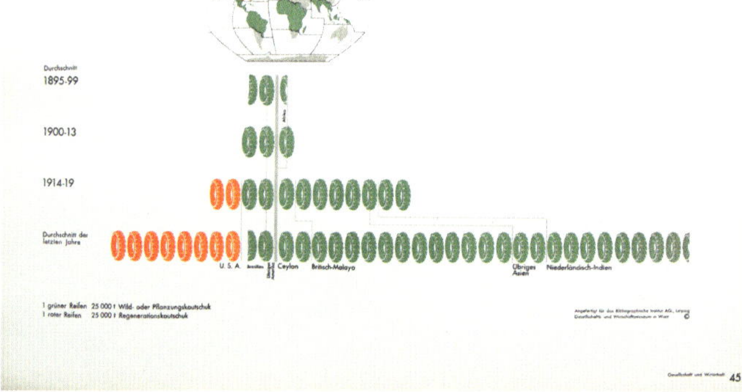

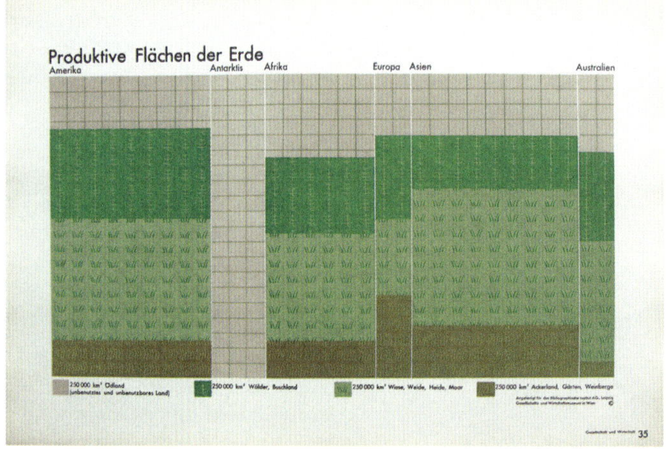

1.25 «Entwicklung der Brotgetreide- und Reisproduktion seit 1860» (GUW, Tafel 36). Wie die Material-Illustrationen aufgeteilt werden, hängt in beiden Teilen dieses Schaubildes eher von dem Streben nach einer kompakten Darstellung als von einer allgemeinen Regel ab.

1.26 «Entwicklung der Kautschukproduktion seit 1895» (GUW, Tafel 45). Durch die konsequente Einhaltung des Darstellungsstils ist diese Tafel klar mit Tafel 46 (1.23) verwandt.

1.27 «Produktive Flächen der Erde» (GUW, Tafel 35). Die landwirtschaftlich genutzte Fläche in verschiedenen Ländern wird hier geografisch dargestellt, vom Westen nach Osten (vergleiche mit 1.11). Die Farben sind die gleichen wie in Tafel 34 (1.21).

ich in den Atlantik legte: links Amerika, rechts die übrige Welt, in geografischer Folge von Westen nach Osten – von links nach rechts, und, innerhalb dieser Hauptfolge, von Norden nach Süden. Eine kleine Weltkarte über der Achse deutete diesen geografischen Grundcharakter der Anordnung an. Als wir *Die bunte Welt* produzierten, hatten wir die-
1.11 se Regel noch nicht, was man zum Beispiel an der Tafel der
1.27 Bodennutzung sieht; hier wurde nach der Größe des Anteils der beackerten Flächen angeordnet. Aber wir bemerkten bald, dass Anordnung nach der Größe bei irgendwelchen internationalen Vergleichen ein schlechtes Prinzip ist: Man bekommt immer Folgen von kleiner werdenden Mengen, und die wirkliche Aussage muss aus den begleitenden Namen abgelesen werden – keine sehr visuelle Methode. Es gibt allerdings Fälle, in denen nach der Größe angeordnet werden muss, zum Beispiel, wenn man zeigen will: Je geringer die
1.28 Einnahmen, umso größer die Säuglingssterblichkeit (siehe Tafel 92 in *Gesellschaft und Wirtschaft*). Das geografische Anordnungsprinzip haben wir immer beibehalten und in einer Reihenfolge aller Länder der Erde entwickelt; es liegt auch der Einstellung der Welt in acht (später sechs) Wirtschaftsräume zugrunde, die zuerst in *Gesellschaft und Wirtschaft* und danach immer wieder und zuletzt in *Modern Man in the Making* zur Anwendung kam.

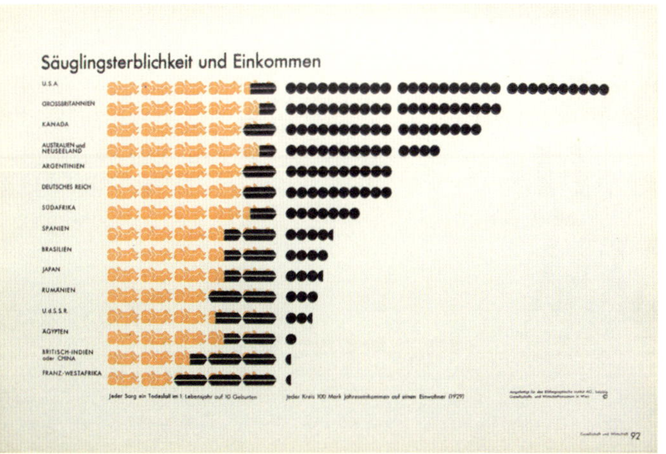

1.28 «Säuglingssterblichkeit und Einkommen» (GUW, Tafel 92). Das Schaubild zeigt den Zusammenhang zwischen Einkommen und Krankheit oder Tod. Die geografische Anordnung ist zweitrangig. Um die Lesbarkeit zu erleichtern, sind die Symbole für Einkommen in Zehnergruppen unterteilt.

Wanderbewegung wichtiger Länder 1920-27

Europa

Einwanderungsüberschuss

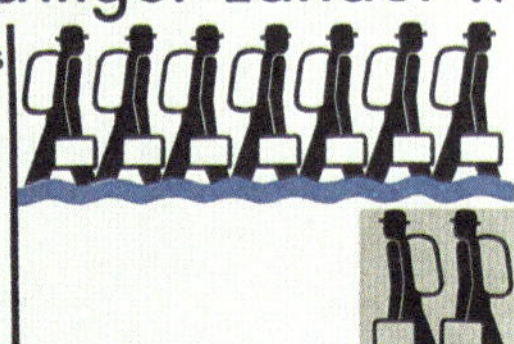

Grossbritannien und Irland

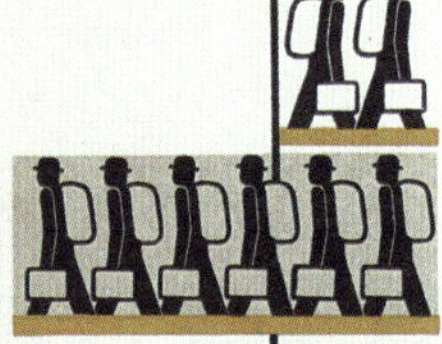

Frankreich

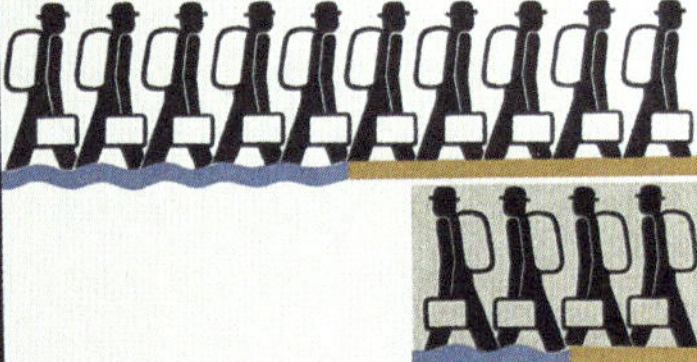

Italien

Deutsches Reich

Amerika

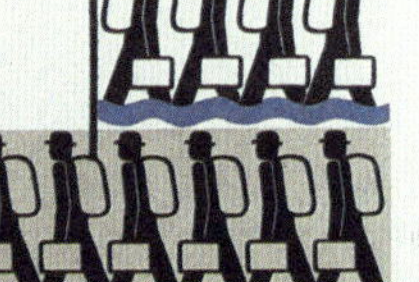

U. S. A.

Argentinien

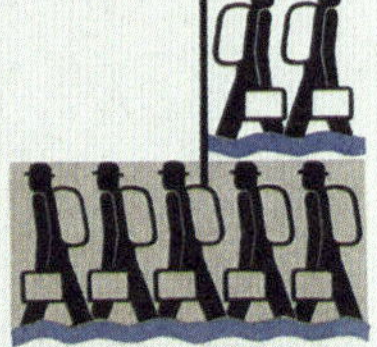

Jede Figur auf weissem Untergrund 250 000 Auswanderer
Jede Figur auf grauem Untergrund 250 000 Einwanderer

über Land
über See

Angefertigt für das Bibliographische Institut AG, Leipzig
Gesellschafts- und Wirtschaftsmuseum in Wien ©

Gesellschaft und Wirtschaft 74

Dass die mühsam erkämpfte Anordnung für Geburt und Tod auf anderen Gebieten angewendet werden kann, wurde mir zu meiner Überraschung klar, als ich die Tafel über Wan-
1.29 derbewegung wichtiger Länder zu skizzieren hatte (*Gesellschaft und Wirtschaft*, Tafel 74). Auch hier sind Überschuss und Defizit wichtig, die alte Anordnung konnte einfach beibehalten werden, nur die Symbole waren zu ändern.

Selbst die dichte Darstellung fand eine neuartige Ver-
1.30 wendung: Bei der «Vermögensverteilung im Deutschen Reich» (*Gesellschaft und Wirtschaft*, Tafel 91) wurden die Einwohner auf einem Hintergrund von Münzen verteilt. Durch die Anordnung der Münzen in einem geschlossenen Rechteck wird angedeutet, dass es sich um die gesamte Einwohnerschaft handelt.

Wenn man zeigen will, wie eine Gesamtmenge in Untergruppen zerfällt, so muss die Darstellung betonen, dass es sich um eine Gesamtheit handelt, indem sie eine möglichst geschlossene Form bildet. Manchmal machen die gegebenen statistischen Daten das leicht, wie z. B. bei den Betriebs-
1.31 größen in der deutschen Landwirtschaft (*Die bunte Welt*, S. 36, und auch in der Broschüre von 1927). Hier konnte die Gesamtheit der 25 Einheiten quadratisch, in fünf Reihen mit je fünf Einheiten, angeordnet werden, zumal eine der Untergruppen, die Großbetriebe, gerade eine Reihe ausfüllt. Zwei andere Untergruppen ergaben Restbeträge von zwei Einheiten über volle Fünferreihen hinaus, und die eine Einheit der Parzellenbetriebe half, daraus wieder eine Fünferreihe zu bilden. Als beste Anordnung ergab sich dann schließlich, die Parzellenbetriebe zum Mittelpunkt des Quadrates zu machen; dabei ergab sich dann ein willkommenes Gleichgewicht und das merkbare Faktum, dass Klein- und Mittelbauern ebenso viel Grund besitzen wie Großbauern und Großgrundbesitzer zusammen.

1.29 «Wanderbewegung wichtiger Länder 1920–27» (GUW, Tafel 74). Die Überschuss- und Defizit-Idee der horizontalen Anordnung funktioniert ausgezeichnet für dieses Thema. Vierergruppen (angesichts der Einheit von 250 000 Menschen) wären hier unangebracht.

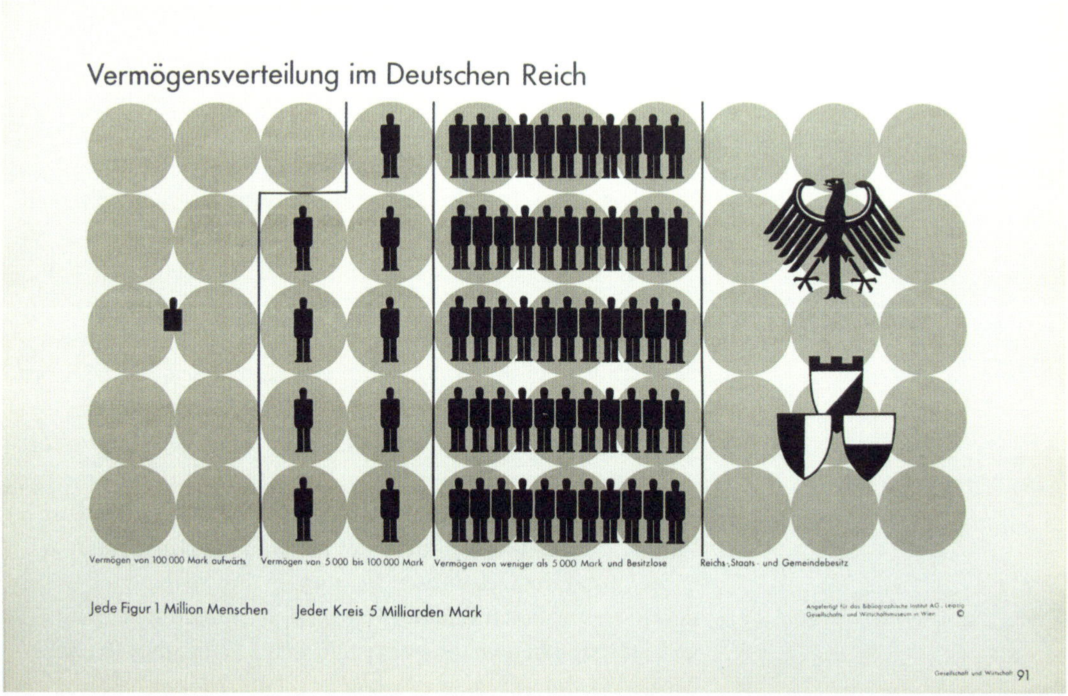

1.30 «Vermögensverteilung im Deutschen Reich» (GUW, Tafel 91). Drei Einkommensklassen werden hier aufgelistet: von den Reichsten zu den Ärmsten, von links nach rechts. Das Bild wird durch die Darstellung von Reichs-, Staats- und Gemeindevermögen vervollständigt.

1.31 «Betriebsgrössen in der Landwirtschaft 1925» (T65g) wurde 1932 in H.G. Wells, *Arbeit, Wohlstand und das Glück der Menschheit* veröffentlicht. Die Abbildung hier ist ein Nachdruck von einer losen Einzelblattsammlung (226 × 151 mm), die das Gesellschafts- und Wirtschaftsmuseum in Wien verteilt hat. Eine zweite Farbe (Rot) stand zur Verfügung, obwohl sie nicht absolut notwendig war. Sie wurde verwendet, um die Nutzung von Maschinen in der Landwirtschaft zu betonen.

Betriebsgrössen in der Landwirtschaft 1925

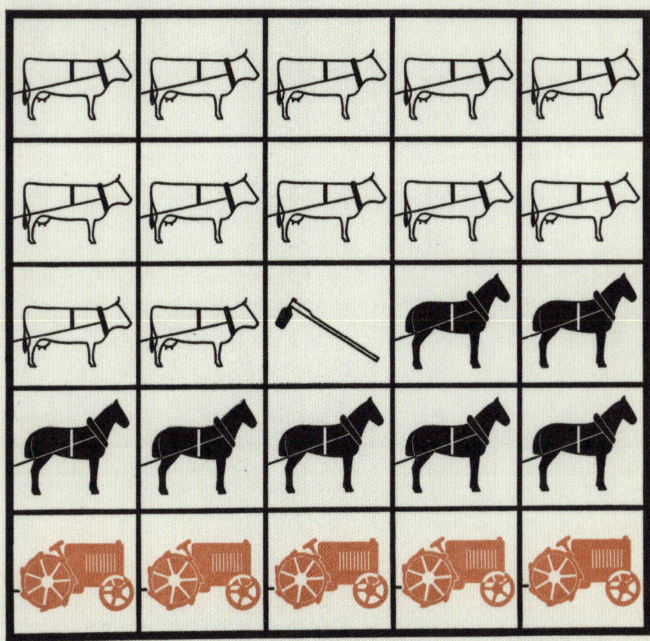

Jedes Quadrat mit Signatur 1 Million ha

Quadrat mit Haue	Parzellenbetriebe (0-2 ha)
Quadrat mit Kuh	Klein-und Mittelbauern (2-20 ha)
Quadrat mit Pferd	Grossbauern (20-100 ha)
Quadrat mit Traktor	Grossgrundbesitz (über 100 ha)

Auf Grund der landwirtschaftlichen Betriebszählung in Deutschland 1925

Aus Wells: Arbeit, Wohlstand und das Glück der Menschheit
Paul Zsolnay Verlag
T 64 h **Mundaneum Wien, XIV Ullmannstrasse 44**

Gesellschaftsgliederung in Nürnberg

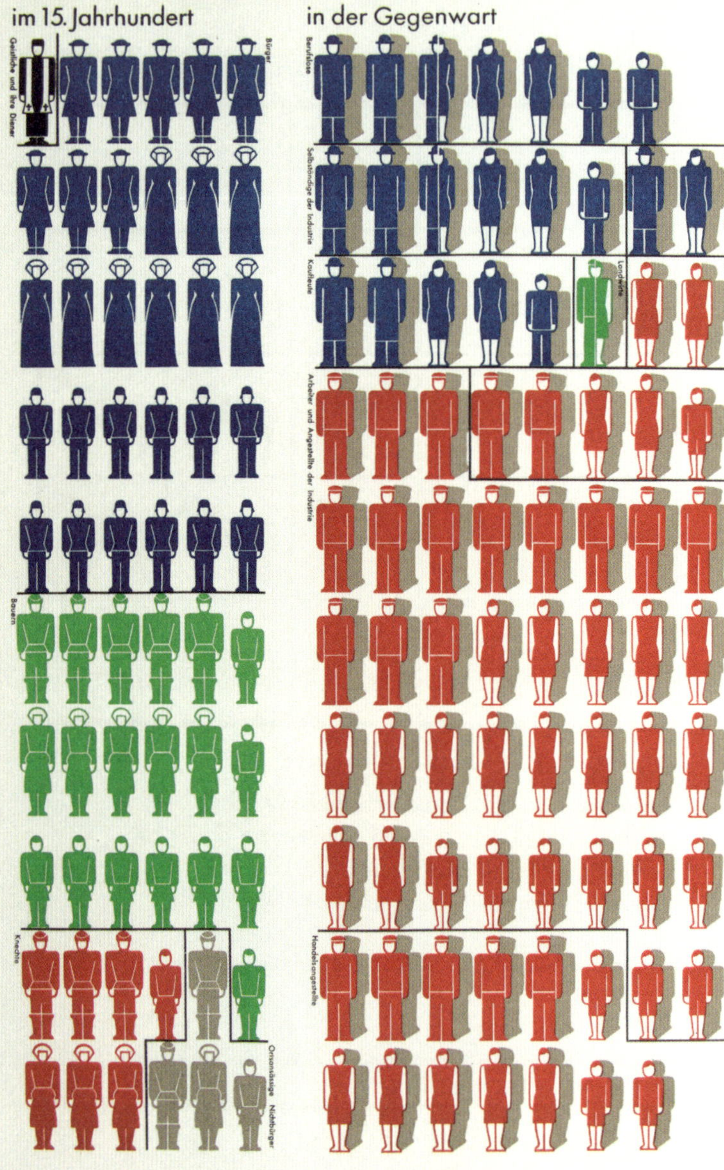

Jede Figur 500 Menschen

Jede Figur mit Grau 5000 Menschen

Angefertigt für das Bibliographische Institut AG., Leipzig
Gesellschafts- und Wirtschaftsmuseum in Wien ©

Man hat nicht immer so viel Glück. Auf den Tafeln 80 und 81 von *Gesellschaft und Wirtschaft*, die gesellschaftliche
1.32 Gliederungen von Gesamtbevölkerungen zeigen, konnte die Form der Gesamtbevölkerung nur annähernd geschlossen sein.

1.33 Zu dieser Art der Darstellung gehören auch die Tafeln
1.34 «Völkergruppen der Erde», «Wirtschaftsformen der Erde»,
1.35 «Religionen der Erde». Als wir diese Tafeln zum ersten Mal herstellten, war die Bevölkerung der Erde 1800 Millionen Menschen, davon 600 Millionen Weiße und 600 Millionen Mongolen, die übrigen zusammen also auch 600 Millionen. So ergab sich die Einteilung in drei gleich große Gruppen ganz selbstverständlich. Mit der Zeit nahmen Bevölkerungen zu, aber wir blieben bei der Dreiteilung, die noch annähernd anwendbar war (*Gesellschaft und Wirtschaft*, Tafeln 96, 97, 98).

1.32 «Gesellschaftsgliederung in Nürnberg im 15. Jahrhundert und in der Gegenwart» (GUW, Tafel 80). Farben kennzeichnen den gesellschaftlichen Rang: Blau für die Oberklasse, Grün für die Landwirte, Rot für die Unterklasse, Schwarz für die Geistlichen, Grau für Sonstige. Der tausendfache Sprung in der Einheit zwischen Vergangenheit und Gegenwart ist durch einen Schlagschatten angedeutet. Ein Partner-Schaubild (Tafel 81) zeigt die Gesellschaftsgliederung in Wien um 1700 und in der Gegenwart.

1.33–1.35 «Völkergruppen der Erde» (GUW, Tafel 96), «Wirtschaftsformen der Erde» (GUW, Tafel 97), «Religionen der Erde» (GUW, Tafel 98). Die Farben zeigen ein breites Spektrum an Völkergruppen und werden konsequent angewendet (wie immer in Isotype), um die Bedeutung der Symbole für Wirtschaftsformen zu unterstützen: Rot für Industrie, Blau für ältere Arbeitsweisen, Grün für «primitive» Beschäftigungen. →

1.33

Völkergruppen der Erde

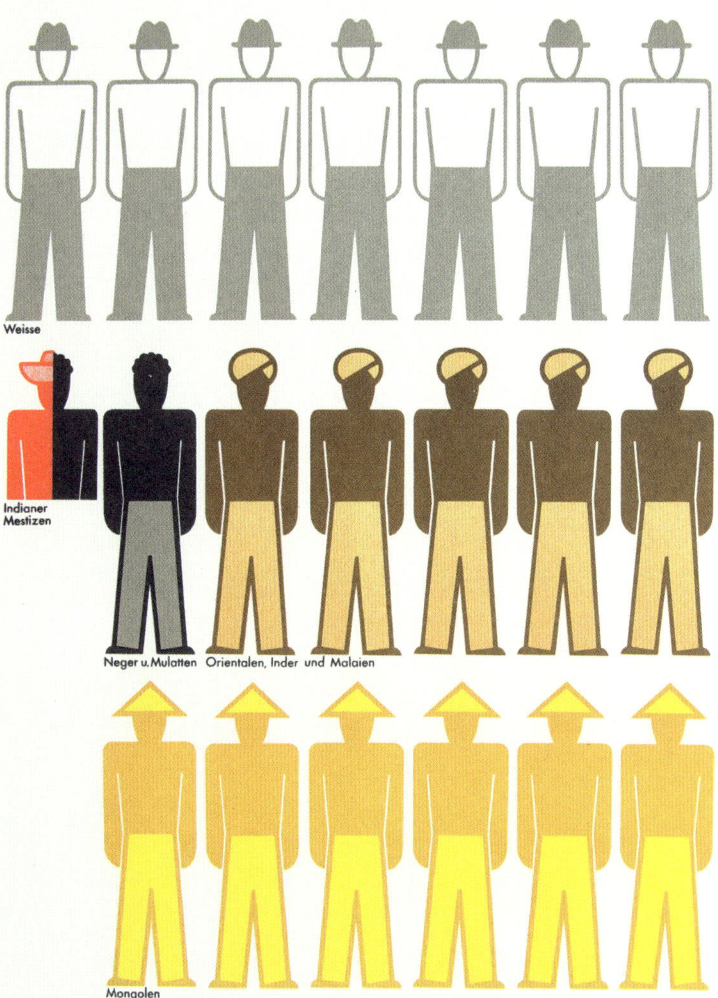

Jede ganze Figur 100 Millionen Menschen

Schätzung für 1930

Angefertigt für das Bibliographische Institut AG., Leipzig
Gesellschafts- und Wirtschaftsmuseum in Wien ©

Gesellschaft und Wirtschaft 96

1.34

Wirtschaftsformen der Erde

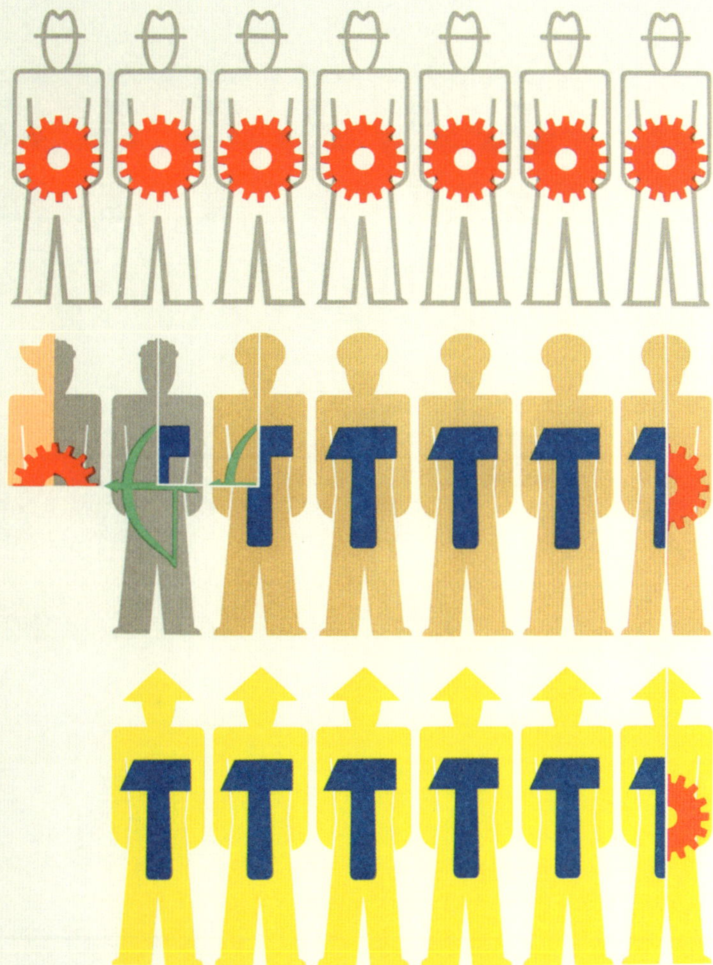

Zahnrad: Moderne Wirtschaft (Industrie im Vordergrund)
Hammer: Altkulturwirtschaft (Handwerk und Ackerbau entwickelt)
Pfeil und Bogen: Primitive Wirtschaft (Sammeln, Jagen, primitive Landwirtschaft)

Jede Figur 100 Millionen Menschen Schätzung für 1930

Angefertigt für das Bibliographische Institut AG., Leipzig
Gesellschafts- und Wirtschaftsmuseum in Wien ©

1.35

Religionen der Erde

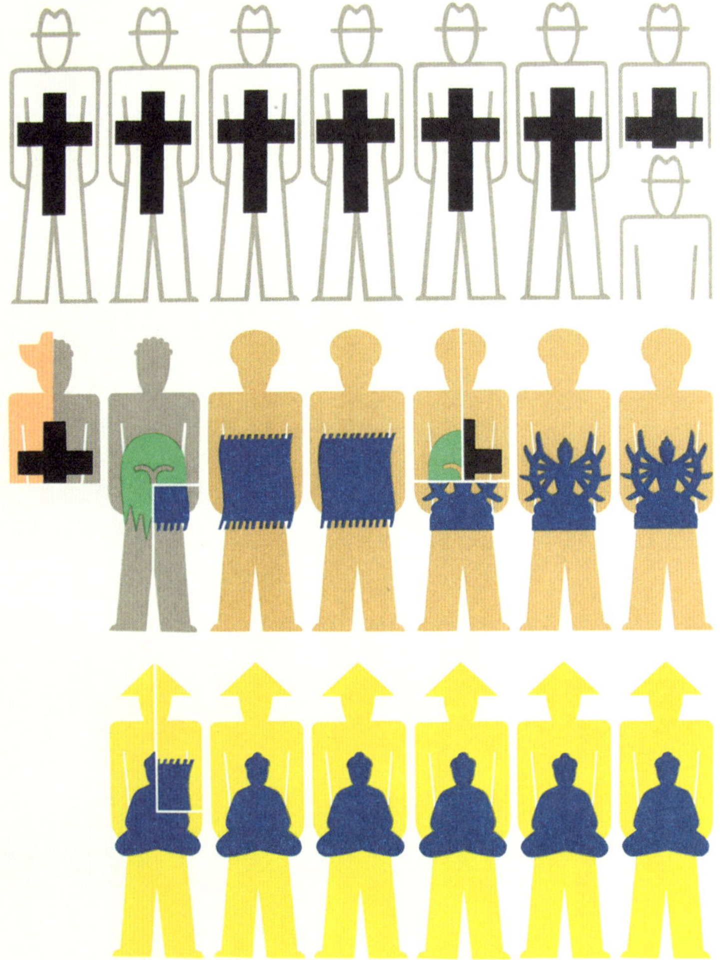

Kreuz:	Christen	Gebetteppich:	Mohammedaner
Ohne Zeichen:	Religionslose, Freidenker, Juden	Vielarmige Gottheit:	Hinduisten
Maske:	Primitive Kulte	Sitzende Figur:	Ostasiatische Religionen, einschliesslich Buddhismus

Jede Figur 100 Millionen Menschen Schätzung für 1930

Angefertigt für das Bibliographische Institut AG., Leipzig
Gesellschafts- und Wirtschaftsmuseum in Wien ©

Gesellschaft und Wirtschaft 98

1.36 Eine Gruppe von vier Tafeln war mir besonders lieb,
1.37 sie zeigten die verschiedenartigen Entwicklungen von vier
1.38 Städten; Damaskus und Rom faszinierten mich besonders.
1.39 Meine Transformationsskizzen konnten hier nur einen
Teil erfassen. Ich erinnere mich, wie ich neben Hans Thomas saß, als er die Karte von Rom bearbeitete, und ihm Straße für Straße sagte: beibehalten oder weglassen. Das Überleben antiker Straßenzüge im mittelalterlichen und modernen Rom sollte klar herauskommen.

Um mit der Ausführung der Tafeln in der mit dem Verleger vereinbarten Zeit fertig zu werden, wurden vorübergehend auch Peter Alma aus Amsterdam und August Tschinkel aus Prag zugezogen, die beide in ihrem Stil dem unseren nahe standen. So gibt es gelegentlich Variationen in den Symbolen, die sachlich nicht begründet sind. Die Zeit, dass Neurath sich mit Arntz hinsetzte und an die systematische Bearbeitung, Zuordnung und Kombination der Symbole ging, kam erst, als diese große Arbeit beendet war und sich mehr Muße dazu fand. So entstand dann das grundlegende Zeichenlexikon, das sinnvoll und wohlgeformt ist, das Ergebnis einer sehr fruchtbaren Zusammenarbeit, an der ich selber kaum teilgenommen habe. Aber ich erinnere mich zum Beispiel an die Mühe, die man sich gab, bis das Kaffeesymbol eine gewisse Fläche füllte, wie auch die Reis- und Getreideartensymbole, und sogar, wenn erforderlich, halbiert werden konnte.

1.36–1.39 «Peking» (GUW, Tafel 68), «Damaskus» (GUW, Tafel 69), «Rom» (GUW, Tafel 70), «New York» (GUW, Tafel 71). Standards für Größe und Farbe erleichtern Vergleiche innerhalb und zwischen den vier Schaubildern. →

1.36

Peking

Verbaut · Vermutlich verbaut · Mauer · Strassen u. Plätze · Eisenbahn · Grünfläche · Vermutlich Grünfläche · Wasser

1100-240 v. Chr. Name: Ki
Lagerstadt. Sitz der Tschou-Dynastie

220-1270 n. Chr. Name: Yen-King
Lagerstadt. Sitz der Tang-, Leao- und Kin-Dynastie

Nach 1270 Name: Ta-Tou, Chanbalygh
Lagerstadt. Sitz der Yüang-Dynastie

1930 Name: Peiping, vorher Peking
Schwache Ansätze zu moderner Entwicklung

Jede Figur 100 000 Einwohner

Angefertigt für das Bibliographische Institut AG., Leipzig
Gesellschafts- und Wirtschaftsmuseum in Wien ©

Gesellschaft und Wirtschaft 68

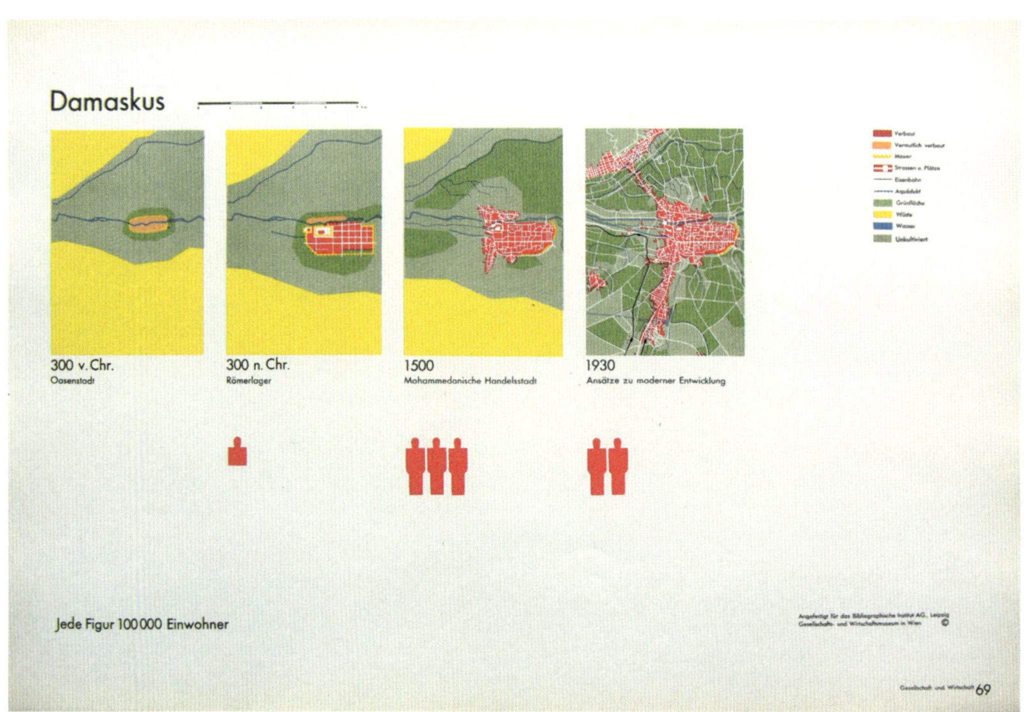

1.37

1.38

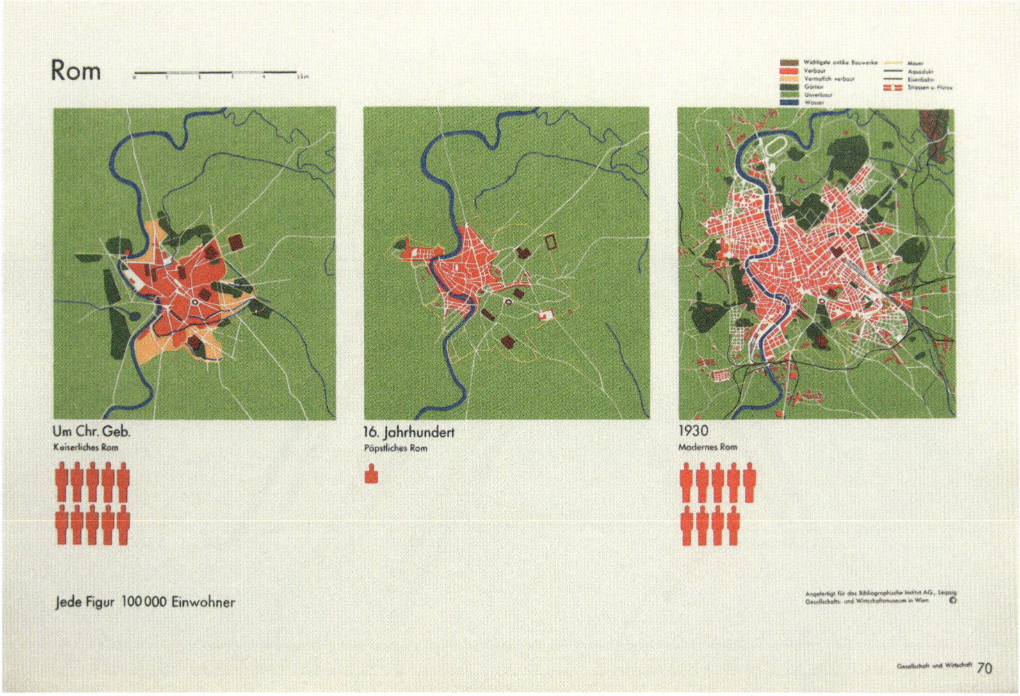

Rom

Wichtigste antike Bauwerke
Verbaut
Vermutlich verbaut
Gärten
Unverbaut
Wasser
Mauer
Aquädukt
Eisenbahn
Strassen u. Plätze

Um Chr. Geb.
Kaiserliches Rom

16. Jahrhundert
Päpstliches Rom

1930
Modernes Rom

Jede Figur 100 000 Einwohner

Angefertigt für das Bibliographische Institut AG., Leipzig
Gesellschafts- und Wirtschaftsmuseum in Wien ©

Gesellschaft und Wirtschaft 70

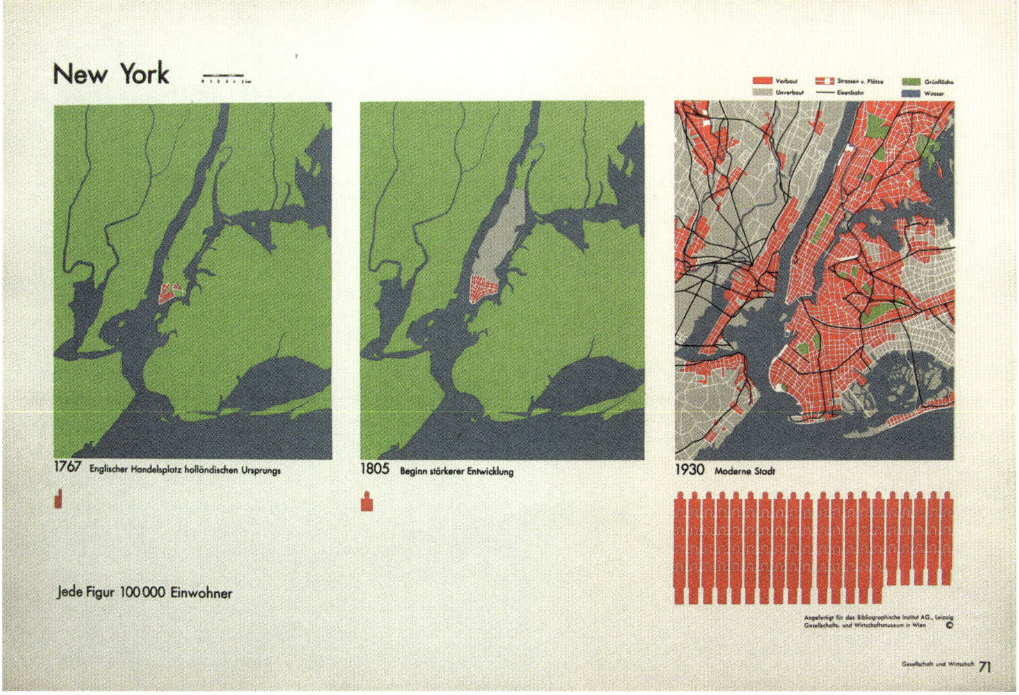

New York

Verbaut
Unverbaut
Strassen u. Plätze
Eisenbahn
Grünfläche
Wasser

1767 Englischer Handelsplatz holländischen Ursprungs

1805 Beginn stärkerer Entwicklung

1930 Moderne Stadt

Jede Figur 100 000 Einwohner

Angefertigt für das Bibliographische Institut AG., Leipzig
Gesellschafts- und Wirtschaftsmuseum in Wien ©

Gesellschaft und Wirtschaft 71

1.39

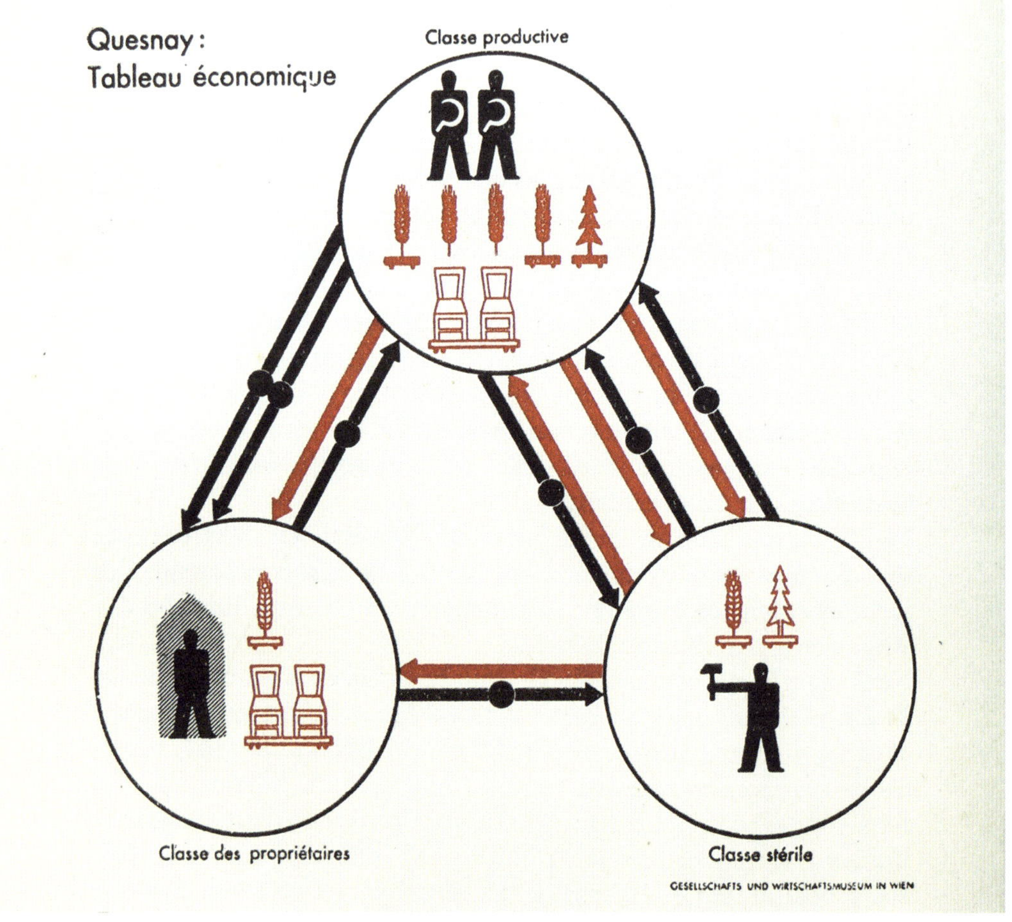

1.40 Die Quesnay-Tafel aus Neuraths Vortrag «Das gegenwärtige Wachstum der Produktionskapazität der Welt», in: *World social economic planning,* Den Haag: International Industrial Relations Institute, 1931. Quesnay differenziert drei Klassen einer Nation: die «produktive Klasse», die Landwirtschaft betreibt und Miete an die Klasse der «Besitzer» zahlt und die «sterile Klasse», die anderen Beschäftigungen nachgeht und sich immer mehr verschuldet. Die roten Linien zeigen Güterflüsse zwischen den Klassen, die schwarzen Linien Geldflüsse.

Die letzten Jahre in Wien

Nach Fertigstellung von *Gesellschaft und Wirtschaft* schrumpfte unser Mitarbeiterstab wieder zusammen, und wir gaben ein Stockwerk unseres zweistöckigen Büros auf. Es gab weniger Ausstellungen, aber wir wurden im Ausland bekannt, und das führte zu neuen Entwicklungen. Wir hatten ein Museum in Berlin-Kreuzberg einzurichten, wir hatten Instruktionen in unserer Methode in Moskau zu geben, und Neurath wurde eingeladen, auf dem World Social Economic Congress, Amsterdam 1931, einen Vortrag über Produktionskapazität mit Lichtbildern und Ausstellungstafeln zu halten. In Berlin-Kreuzberg war ich nur einmal, als die Wahlergebnisse im Herbst 1932 bekannt wurden, um eine Darstellung auf einer Karte von Deutschland entsprechend zu korrigieren. In Moskau hatte ich, neben eiligen Arbeiten, auch eine Schülerin in Transformation. Auch in Wien gab es um die Zeit einen hoffnungsvollen Schüler, Heinz Kaufler, der auch einmal mit nach Moskau kam und der eine Zeit lang in Holland bei uns ausgeholfen hat. Für unsere Arbeit am anregendsten war die Arbeit für den Amsterdamer Kongress. Hier wurde nun die Einteilung der Welt in sechs Hauptwirtschaftsräume etabliert, die sich zum Beispiel an der Tafel der internationalen Finanzverflechtungen sehr bewährte. Als ein Beispiel, wie man Geld und Kredit von Produktion und Verbrauch trennen konnte, benutzte Neurath das Tableau
1.40 économique von Quesnay: Nach dessen sehr komplizierter Beschreibung in Worten arbeiteten wir ein schönes, klares Schema aus, das alles spielerisch leicht erfassbar macht. Die

neuen Kontakte mit dem Westen waren wesentlich für uns bei der bald gefährdeten Zukunft, besonders die beiden Frauen, die den Kongress leiteten: Mary L. Fleddérus, Den Haag, und Mary van Kleeck, New York. Wir errichteten Nebenstellen in Holland, England und den USA.

In Wien selber intensivierte sich unsere Zusammenarbeit mit Schulen, seitdem *Gesellschaft und Wirtschaft* zur Verfügung stand. Wir bekamen eine Schule für Versuche zur Verfügung gestellt, und es ergab sich eine fruchtbare Zusammenarbeit. Ich war auch einmal in einer anderen Schule und nahm an der Arbeit der Klasse teil. Wir hatten Lehrerkonferenzen bei uns im Büro und besprachen, was für Experimente man machen könne. Beispiele von einigen Ergebnissen sind den Illustrationen des Buches *Bildstatistik nach Wiener Methode in der Schule* beigegeben, das Neurath damals schrieb. In dieser Zeit erfuhren wir von «Basic English» und wir setzten uns mit C.K. Ogden in Verbindung. Wir begannen bereits in Wien an den beiden Büchern in Basic English zu arbeiten, die dann die Titel *Basic by Isotype* und *International picture language – the first rules of Isotype* bekamen. Nach der Veröffentlichung von *Gesellschaft und Wirtschaft* war in Meyers Konversationslexikon, bei demselben Verleger, ein Artikel «Wiener Methode» erschienen. Als wir 1934 Wien verließen, verloren wir diesen Namen. Wir konnten nur als Weltbürger überleben. Eine Heimat wie Wien haben wir nie wieder gehabt.

ISOTYPE

is de internationale taal die beelden inplaats van woorden gebruikt. Het is reeds meer dan tien jaar geleden, dat de eerste tentoonstelling werd geopend, waar de moderne beeldstatistiek en het beeldonderricht konsekwent werden doorgevoerd. De staf van eminente medewerkers, die voor deze beeldentaal internationale bekendheid heeft verworven, werkt voort onder leiding van haren directeur, Dr. Otto Neurath, teneinde deze methode in toepassing te brengen op steeds weer nieuwe gebieden. De centrale van het Isotypewerk is in Den Haag gevestigd. De Internationale Stichting voor Beeldpaedagogie, gevestigd te 's-Gravenhage en New York, heeft ten doel deze beeldentaal in de geheele wereld te verbreiden; het Mundaneum Instituut in Den Haag verricht het wetenschappelijke en grafische werk. Van het Bestuur dezer beide instellingen maken onder anderen de volgende personen deel uit: Mary L. Fleddérus, Director International Industrial Relations Institute, Den Haag; Dr. Josef Frank, Architect, Stockholm; Professor Dr. Philipp Frank, Praag; Dr. Mr. P. J. de Kanter, Advocaat en Procureur, Den Haag; Mary van Kleeck, Director Department of Industrial Studies, Russell Sage Foundation, New York; C. H. van der Leeuw, firmant van de Erven de Wed. J. van Nelle, Rotterdam.

Den Haag

Die beiden Basic-Bücher zwangen uns, einen neuen Namen für die Methode zu finden, und die Bildung des Wortes «Basic» aus «British American Scientific International Commercial» half dabei. Ich setzte mich einen Nachmittag hin und probierte herum. So kam ich auf «International System Of Teaching In Pictures» – Isotip; das klang noch nicht richtig, bis auf die erste Silbe. Zu Isotype war da nur noch ein kleiner Schritt, aber eine gute Wortfolge dafür zu finden ist mir nicht gelungen, und wir blieben bei der nicht ganz befriedigenden Lösung «International System Of Typographic Picture Education». Als Neurath am Abend von einer Besprechung in Amsterdam heimkam, freute er sich über den Namen und bat Arntz am nächsten Tag, eine Signatur dafür zu entwerfen. Beides wurde dann in *International picture lan-*
1.41 *guage* zum ersten Mal veröffentlicht.

1.42 *Basic by Isotype* ist eine Fibel für Basic English. Vokabeln mit Hilfe von Bildern einzuführen, ist oft ganz einfach, zum Beispiel wenn es sich um Kamm und Bürste, um Hund und Katze handelt; aber bei Brot und Kuchen haben wir mehrere der üblichen Formen dafür gegeben. Anstatt «Baum» haben wir «Bäume» gezeigt, in drei verschiedenen Formen: Laubbaum, Nadelbaum, Palme – man kann kein Bild für den Sammelbegriff «Baum» machen. Zum Erklären von «a» (ein) und «the» (der, die, das) haben wir erst Sonne, Mond und Sterne gezeichnet; dann: die Sonne, der Mond, ein Stern. Bei Eigenschaften haben wir zwei Beispiele gegeben: Die gemeinsame Eigenschaft ist das Wort, das wir meinen. Zum

1.41 Ein Flyer (147 × 207 mm, die erste von vier Seiten ist hier abgebildet), datiert ca. 1935; es ist somit die allererste Bekanntmachung des Namens Isotype, dem zugehörigen Symbol und seiner Organisation: International Foundation for Visual Education.

1.42 Doppelseite aus Otto Neuraths *Basic by Isotype*, London: Kegan Paul, 1937 (150 × 98 mm) →

1.42

BALLS, BOYS

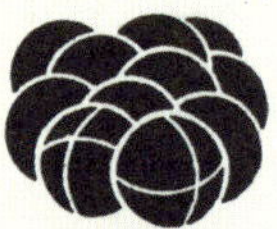

balls

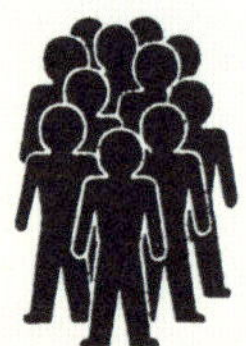

boys

(rings, flags, tables, girls. . . .)

A, THE

sun moon stars

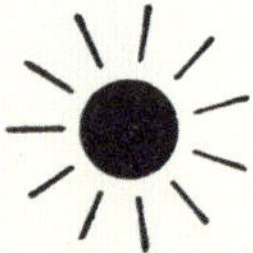

the sun

the moon

a star

12

THICK, THIN

thick stick—thin stick

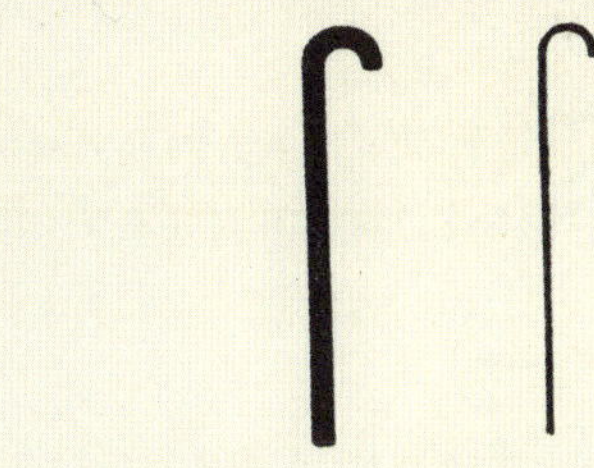

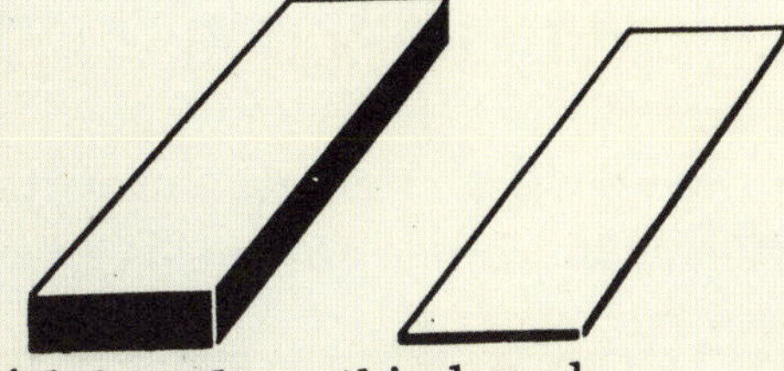

thick board — thin board

WIDE, NARROW

wide board—narrow board

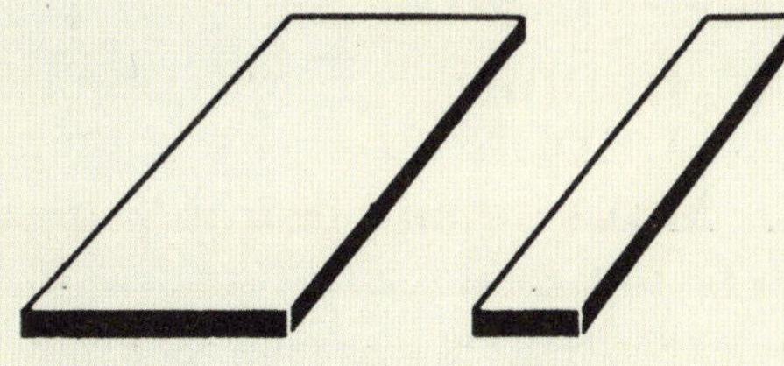

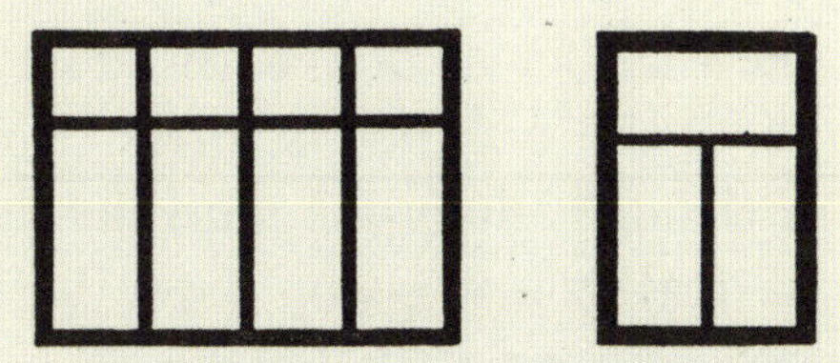

wide window — narrow window

1.43

relation to one another. Some examples : Iron produced in U.S.A. and other countries

1900 UUUOOOOO
1913 UUUUUUOOOOOOOOOO
1920 UUUUUUUOOOOO

The changes will be made much clearer in this way :

1900	UUU	OOOOO
1913	UUUUUU	OOOOOOOOOO
1920	UUUUUUU	OOOOO

(See Picture 30).

Births and deaths. Here it is important to see by how much one amount is greater than the other.

1. BBBBBBB
   DDDDD

2. BBBBBB
   DD DDDDDD

3. BBBBB
   DDDDD

1, more births than deaths : greater number of men ;

2, more deaths than births : smaller number of men ;

3, the same number of births and deaths : no change in the number of men. There are less births in 3, than in 1, and the same number of deaths, and so on (see Picture 31, and, for comparison, Picture 36).

Births and Deaths in Germany in a Year

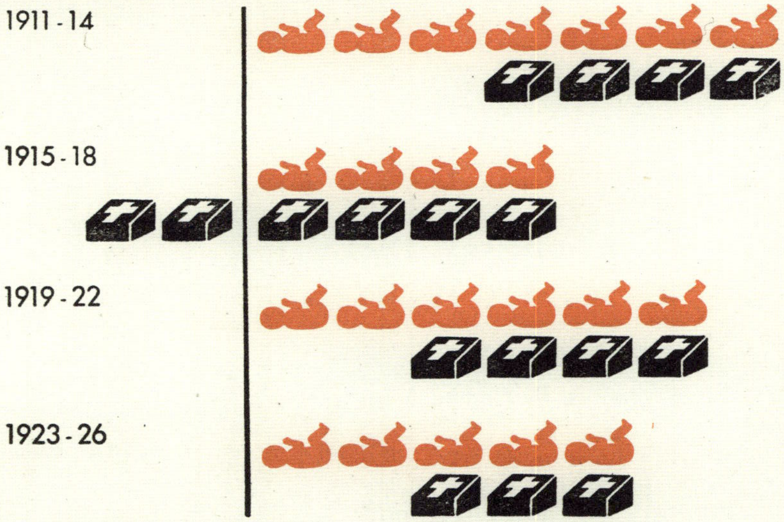

I red sign for 250,000 births a year
I black sign for 250,000 deaths a year

PICTURE 31

Beispiel: junger Baum, alter Baum – das hätte als kleiner Baum, großer Baum oder als dünner Baum, dicker Baum gedeutet werden können; so haben wir «junger Mann, alter Mann» hinzugefügt. Bei Worten wie «zwischen» und «durch» haben wir konkrete Situationen gezeigt: Knabe zwischen zwei Mädchen; Knabe geht durch die Tür. Familienbeziehungen haben wir an einer stammbaumartigen Anordnung gezeigt: Eltern mit ihren Kindern. Kurzum, es ergaben sich unerwartet viele Probleme zu lösen, wobei die symbolische Darstellungsweise von Isotype oft eine große Hilfe war.

Als Neurath der Herstellung einer Basic-Fibel zustimmte, bat er, dass er gleichzeitig ein Buch über unsere Methode in derselben Serie herausbringen könne, und Ogden **1.43** stimmte sofort zu. So hatten wir an zwei Büchern gleichzeitig zu arbeiten, die beide, in ihrer verschiedenen Weise, interessant waren. Nach zehn Jahren Erfahrung war es die rechte Zeit, eine Übersicht über unsere Regeln zu geben, die umfassender und systematischer war als alles Frühere. Neben den Bildern beschäftigten mich dabei die Texte; ich versuchte, sie in Basic English zu formulieren, ungeübt wie ich war – Miss Lockhart, die engste Mitarbeiterin von C.K. Ogden, kam auf ein paar Tage nach Den Haag und gab dem Ganzen ihren eleganten Basic-Stil. Wir lernten, wie schwer es ist, Basic zu schreiben, und wie leicht, es zu lesen; aber dies war ja genau so mit unserer Bildersprache. Auch sonst fühlten wir uns als Glieder derselben Familie, im Bemühen um internationale Kommunikation – sei es, dass man Reisenden im fremden Lande bei der Orientierung helfen will, sei es, dass man eine Grundlage gemeinsamer Kenntnisse legen will. Neurath hat dabei auch den Charakter unserer Bildersprache gegenüber Wortsprache geklärt. Er hat Isotype als eine Hilfssprache bezeichnet: Bei jeder Tafel sind einige Worte der Erklärung nötig. Es wurde von uns nie angestrebt, eine Zeichensprache im Sinne der chinesischen zu schaffen.

1.43 Doppelseite aus Otto Neuraths *International picture language*, London: Kegan Paul, 1936 (150 × 104 mm) ←

Kontakt mit Amerika

In den ersten Jahren in Holland gerieten wir in große Not. Wir hatten Freunde, wir hatten an zwei Stellen Ausstellungsräume in Amsterdam, der Direktor der Druckerei Trio in Den Haag, Herr Kerdijk, bot uns Raum für eine Ausstellung an und druckte ein Heft über Weltverkehr – nichts half, um uns Aufträge zu verschaffen. Der erste Lichtblick war der Besuch eines amerikanischen Mediziners, Dr. Kleinschmidt, der bei der National Tuberculosis Association in New York für die Erziehungsarbeit verantwortlich war. Er hatte seine Reise nach Europa gemacht, um neue Ideen, vor allem der Visualisierung, zu finden, und sagte, er habe zwei Entdeckungen gemacht, das Deutsche Hygienemuseum in Dresden und Isotype. Es dauerte nicht lange und Neurath wurde nach New York gebeten, und einige Wochen später ließ er mich nachkommen; ich traf ein, als Roosevelt gerade wiedergewählt worden war, November 1936. Die Tuberkulose-Vereinigung hatte als Büro einen einzigen großen Raum im Rockefeller Center, überall Schreibtische mit genügendem Abstand; man konnte immer leicht einen Fachmann bitten, herbeizukom-
1.44 men. Es ergab sich schnell eine fruchtbare Zusammenarbeit.
1.45 Wir einigten uns bald über den symbolischen Gebrauch der Farben: Orange für gesund, Schwarz für krank und Krankheit erregend, Rot für medizinische Maßnahmen, Hellblau für die Luft beim Pneumothorax. Wir besprachen die Vereinfachung der Lungendarstellung und die Notwendigkeit, ihr eine Hülle zu geben – ohne sie wäre ein Pneumothorax nicht denkbar. Tafeln wie über Ansteckungsmöglichkeiten und

1.44, 1.45 Zwei Doppelseiten aus *Tuberculosis: basic facts in picture language*, New York: National Tuberculosis Association, 1939, das als Begleitheft (153 × 230 mm) zur NTA Wander-Plakatausstellung erschien. →

1.44

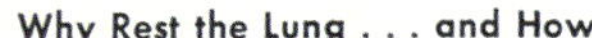

Why Rest the Lung . . . and How

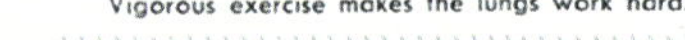

Vigorous exercise makes the lungs work hard.

Any injured part of the body heals only if put at rest.

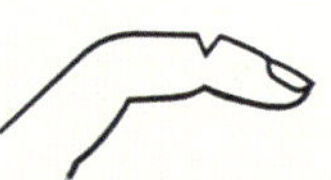

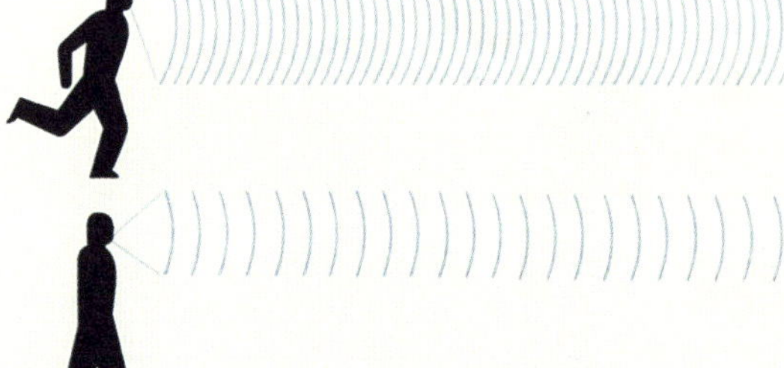

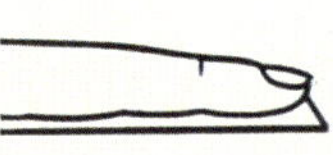

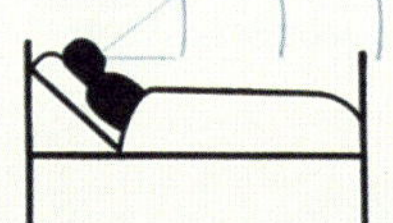

Running—50 deep breaths per minute.

Walking—25 breaths per minute.

Lying flat—10 shallow breaths per minute.

Rest in bed is the treatment for tuberculosis because body rest eases the work of the lung and gives it a chance to heal.

16

Tuberculosis Should Be Found Before It Causes Disease

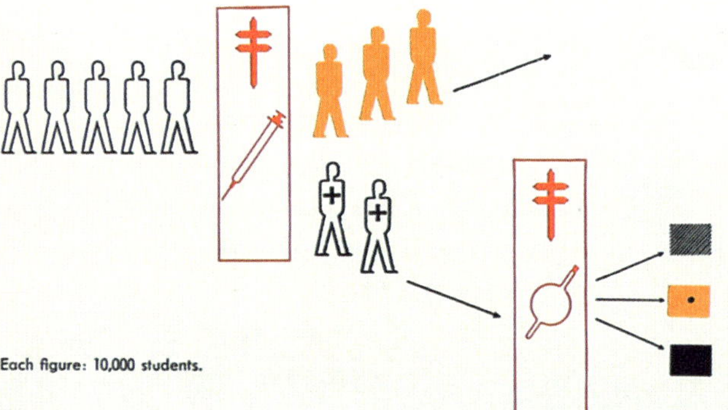

In an eastern state more than 50 thousand high school children were tested. About 3 out of 5 were negative to tuberculin. The rest were X-rayed.

In the great majority of these, no signs of disease were found.

The scars of previous disease were found in about 1,600.

Serious disease, was found in 72.

Each figure: 10,000 students.

Systematic examination of people who are not sick is a modern way of finding early tuberculosis. One way of doing this is to give all persons of a group, such as high school children, the tuberculin test and then to X-ray all those who have reacted positively.

20

1.45

Complete Lung Rest

One lung may be completely rested by a slight operation called Pneumothorax. The other lung carries on the work of breathing.

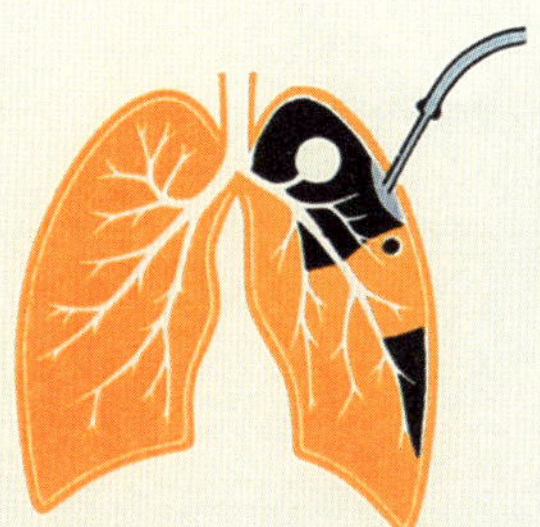

The chest wall is painlessly pierced by a hollow needle, which does not, however, go into the lung.

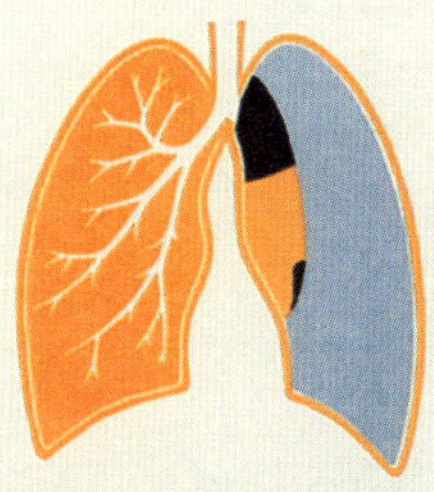

Air is let in and the lung collapses like a sponge that is squeezed.

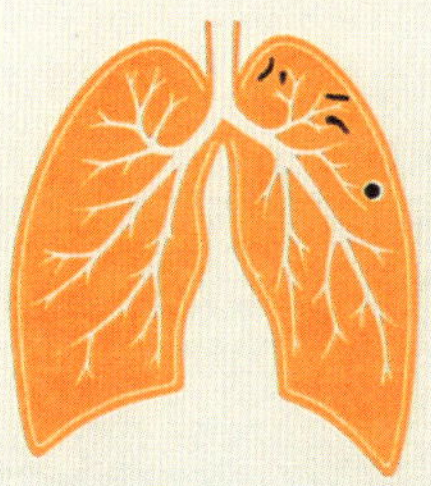

When the lung has healed, it is allowed to blow up again. Only the scars remain.

17

The School Helps to Fight Tuberculosis

The school and its surroundings teach children how to live sensibly.

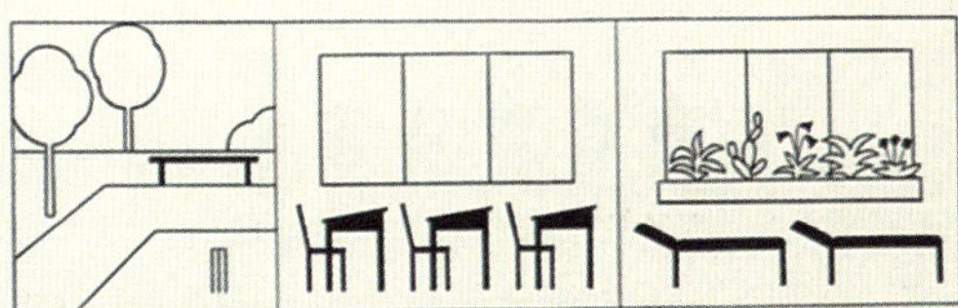

Health examinations are made of all children. In some high schools this examination includes tuberculin testing to see which children are infected with tuberculosis germs. Those who are, should be X-rayed to see if any damage is being done to the lungs.

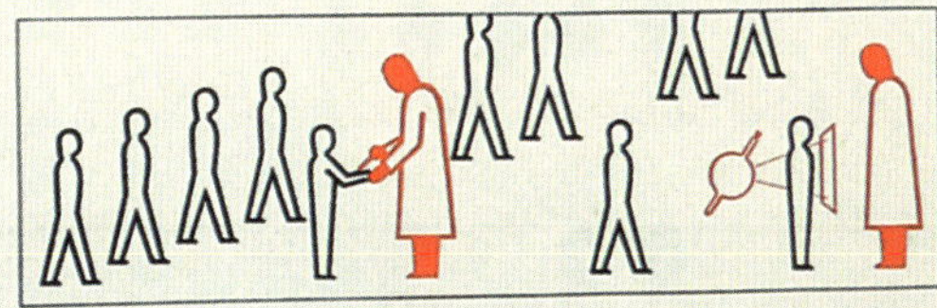

Health habits are taught and practiced.

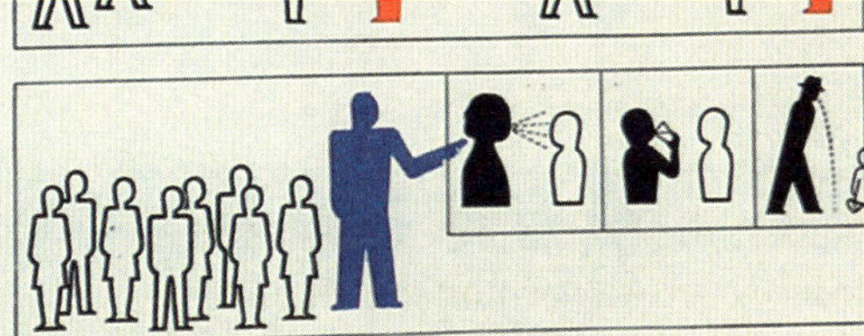

21

deren Verhütung waren uns durch frühere Unfallverhütungsbilder vertraut, aber die allgemeinere Forderung, dass ein ansteckend Kranker isoliert werden muss, verlangte eine abstraktere, das heißt vom konkreten Einzelfall losgelöste Darstellung. Wir umgaben den Kranken mit einer geschlossenen roten Linie, die medizinische Maßnahmen andeutete; diese Abkapselung ließ die gefährlichen schwarzen Teilchen, die vom Kranken ausgehen, nicht durch. Eine ähnlich abstrakte Darstellung führten wir für den Begriff «Widerstandskraft» ein; früher hatte man eine allegorische Darstellung verwendet, die aber nicht recht einleuchtend war: Es wurde gezeigt, was geschieht, wenn ein starker Mann und ein schwacher Mann eine leichte Last zu tragen haben und wenn der starke Mann und der schwache Mann eine schwere Last zu tragen haben. Unsere abstraktere und doch der Situation nähere Darstellung deutete eine starke und schwache Umwallung an und was geschieht, wenn eine schwache Attacke von schwarzen Pfeilchen von außen kommt (Zurückwerfen und teilweise Durchdringung), und was bei einer

starken Attacke (teilweises Durchdringen und völlige Zertrümmerung). Dabei ist die Umwallung nichts als ein Stück gekrümmte Linie, orangefarben, breit oder schmal, ein Innen und ein Außen andeutend. Diese Tafel hat etwas sehr Überzeugendes für mich, und ihre Gültigkeit ist viel allgemeiner als die meisten anderen Tafeln dieser Serie. Die 5 000 Reproduktionen unserer Tafeln in Originalgröße gingen als Wanderausstellungen in alle Ecken und Enden der Vereinigten Staaten und wurden, wie berichtet wurde, mit viel Interesse studiert und verstanden – von Inuit, Indianern und allen anderen gleich.

Als wir mit dem Entwurf der Ausstellung fertig waren und nur mehr eine Broschüre mit denselben Darstellungen zu besprechen hatten, kam eine unerwartete Einladung nach Mexico City, wo ein «Museum for Science and Industry» gegründet werden sollte. Wir waren dort sechs Wochen und gaben Instruktionen, Neurath auf Deutsch mit einer Dolmetscherin, ich auf Englisch denen, die Englisch konnten. Ich fand die Leute dort sehr intelligent, nur ermüdeten sie leicht, was mit der Höhe von 2 400 m zu tun haben soll. Professor Mendizabal vom Erziehungsministerium, der für das Projekt verantwortlich war, nahm uns alle auf eine Exkursion zu einer Silberbergwerksstadt mit; unterwegs führte er, ein Archäologe, uns in Teotihuacan herum. Man sagte uns, die Überlebenszeit der Bergarbeiter ist drei Jahre – dann sind die Lungen vom feinen Staub der harten Felsen zerrissen. Was wir sonst gelernt haben, habe ich nun vergessen; aber damals habe ich eine Reihe von Skizzen gezeichnet, die bei Neuraths Vortrag im großen Theater auf den Schirm projiziert wurden. Auf der drei Tage langen Bahnfahrt nach New York habe ich das Tuberkuloseheft skizziert, das wir dann noch vor unserer Heimkehr besprechen und beschließen konnten.

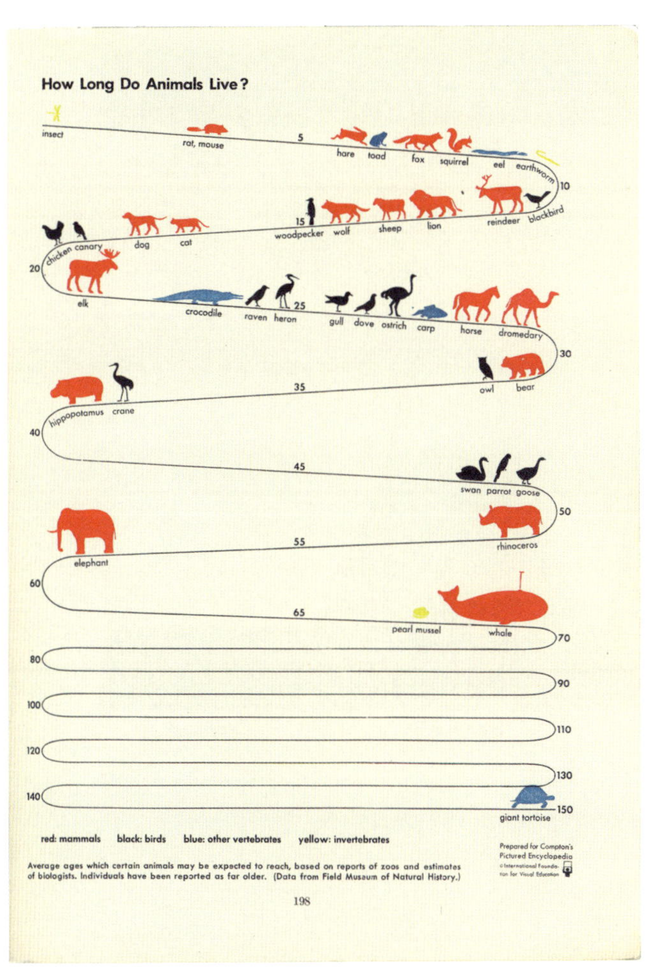

1.46 Wie lange leben Tiere? Farben markieren die groben Kategorien von Tieren und fügen auf diese Weise eine weitere Informationsebene zur Grafik hinzu. *Compton's Pictured Encyclopedia*, Chicago: F.E. Compton & Co., 1939 (255 × 191 mm)

72

Vegetation and Altitude

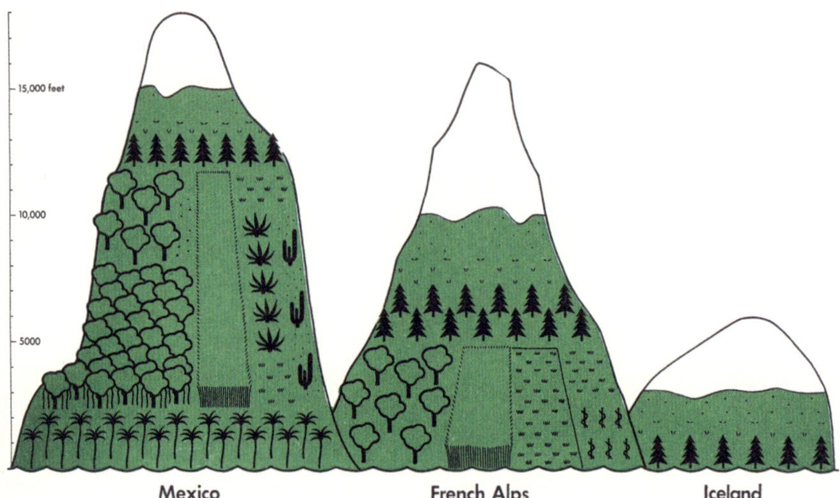

Population and Altitude

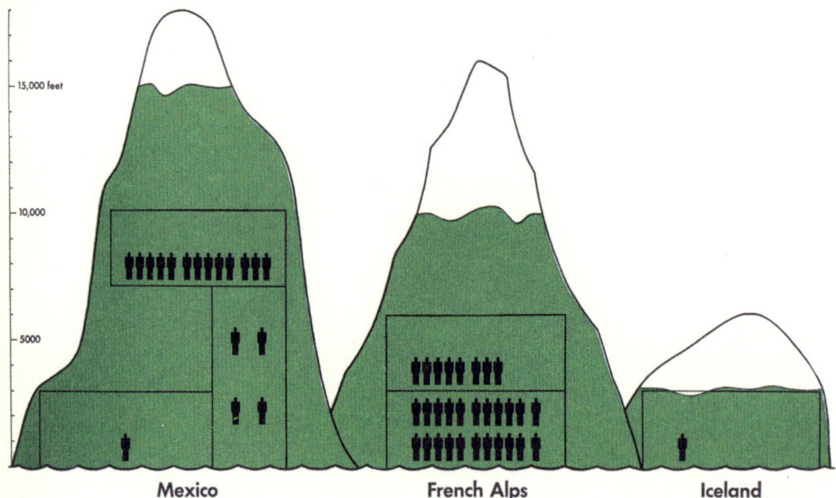

Each symbol represents 10 inhabitants per square mile

These two pictographs show the effects of altitude on vegetation and on population in three different latitudes. On the opposite page is an explanation of the symbols used and a discussion of some of the points illustrated here.

1.48

How Modern Tools Grew Out of Primitive Devices

Pounding

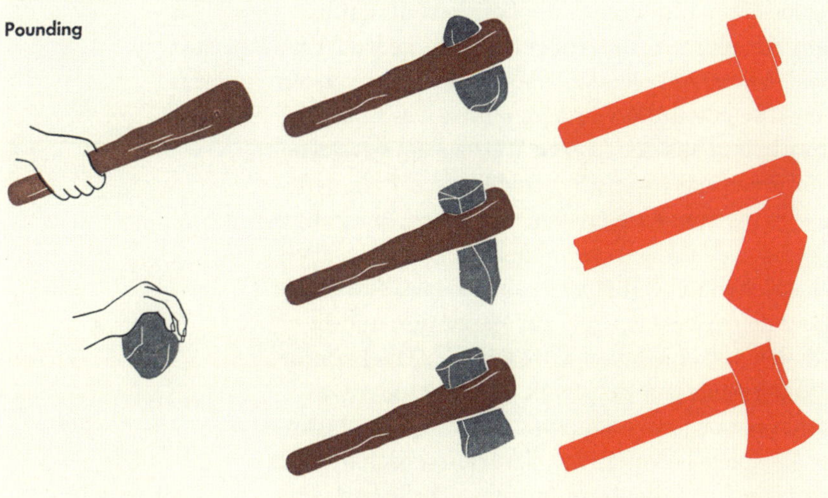

Cutting

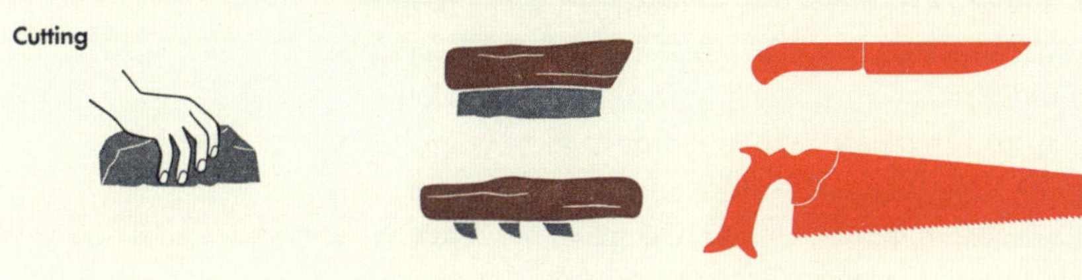

Boring

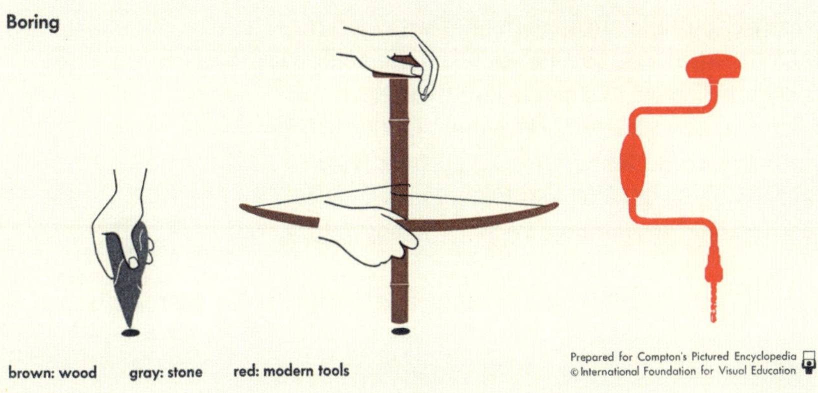

brown: wood gray: stone red: modern tools

110*a*

Eine ähnlich großzügige, auf gegenseitigem Vertrauen beruhende Zusammenarbeit kam bald danach mit dem Verlag Compton in Chicago zustande, der sich als einzige Aufgabe
die Herausgabe einer Kinderenzyklopädie gestellt hatte, **1.46**
die jedes Jahr mit einigen Änderungen wieder gedruckt wur- **1.47**
de, *Compton's Pictured Encyclopedia*. Als Neurath zum ersten **1.48**
Mal dort empfangen wurde, zeigte man ihm, was man an Illustrationsarbeiten aus der ganzen Welt zusammengesucht hatte, und darunter war *Gesellschaft und Wirtschaft*. In den wenigen Jahren bis zum Krieg haben wir eine große Zahl von Tafeln beigetragen. Viele waren von der üblichen Art, aber manche behandelten neue Themen: zum Beispiel den Einfluss der Höhe über dem Meeresspiegel auf Vegetation und Bevölkerung in den verschiedenen Klimazonen. Dabei konnten wir den schönen Atlas von Berghaus, der Alexander von Humboldts *Kosmos* begleitet hat, zum Teil als Quelle benutzen. Andere Beispiele betreffen die Naturwissenschaften: das durchschnittliche Alter, das Tiere erreichen; Kreislauf von Kohlenstoff und Stickstoff im Zusammenleben von Pflanzen und Tieren. Wir mussten nun klare Aussagen über Sauerstoff, Kohlenstoff und Stickstoff machen, wie bisher über Menschen und Autos. Ein neuer Symbolismus musste eingeführt werden, um die Vorgänge zu schildern, und im Kreislauf durfte nichts verloren gehen. Unsere Disziplin der Bildersprache wurde nun auf neuen Gebieten erprobt. Unser Vertrauen wuchs, dass jede Art wissenschaftlicher Aussagen einer visuellen Behandlung zugänglich ist. Dies war der Anfang. Im Laufe unserer Arbeit haben wir dann auch wirklich mit Physik und Chemie, Geologie und Biologie, Astronomie und Atomstruktur zu tun bekommen. Dieser Schritt über den Rahmen unserer bisherigen Arbeit hinaus bestärkte wohl Neurath auch in seinem Plan eines visuellen Thesaurus als Teil der *International Encyclopedia of Unified Science*.

1.47 Pflanzenwelt und Höhenlage und Bevölkerung und Höhenlage. In dieser ungewöhnlichen Illustration werden Daten zur Bevölkerungsdichte mit einer geografischen Beschreibung kombiniert. (*Compton's Pictured Encyclopedia*) ←

1.48 Wie aus primitiven Objekten moderne Werkzeuge wurden. Das Material wird tabellarisch angeordnet; Rot steht für moderne industrielle Kultur. (*Compton's Pictured Encyclopedia*) ←

Die letzten Jahre in Den Haag

Langsam kamen nun auch Aufträge in Holland, zum Beispiel vom Gesundheitsministerium, aber auch von privaten Organisationen. Ein großes Warenhaus, De Bijenkorf, trat an uns heran, eine Ausstellung in dreifacher Ausführung für die drei Filialen in Amsterdam, Den Haag und Rotterdam herzustellen und überließ das Thema uns. Der Zweck war, neue Kunden anzulocken. Ich schlug Neurath das Thema «Rembrandt» vor, und er ging sofort darauf ein. Häufige Besuche im Mauritshuis und dort vor allem ein Saal mit drei Rembrandt-Bildern und Vermeers Stadtansicht von Delft, waren mir geradezu lebensnotwendig geworden. Auch hatte es gerade eine Rembrandt-Sonderausstellung in Amsterdam gegeben, bei der mir aufgefallen war, wie viele Chancen, dem Publikum zu helfen, man sich hatte entgehen lassen durch konventionelle Hängung, durch Trennung von Malerei und Grafik. Nun, Originale konnten wir nicht zeigen, aber dafür vieles von der
1.49 Umwelt, in der diese Werke entstanden waren, und unsere
1.50 Ausstellung hieß dann auch «Rondom Rembrandt» [Rund
1.51 um Rembrandt]. Der historische Hintergrund wurde gezeigt,
Krieg und Frieden, die Zeitgenossen, das Aufblühen des Landes und der Städte Amsterdam und Leiden. Dieselbe synchronistische Methode wie für die Weltereignisse konnte auch auf Rembrandts Privatleben angewendet werden, zumal Selbstbildnisse und Porträts der ihm Nahestehenden der Illustrierung dienen konnten. Eine große Tafel mit Fotos aller Selbstbildnisse führte unsere Einteilung seines Lebens in vier Phasen ein: Jugend, junges Mannesalter, reifes

Rembrandt en zijn familie

vader
moeder
Rembrandt
vrouw Saskia
zoon Titus
Hendrikje

1600
1610
1620
1630
1640
1650
1660
1670

Het wisselend aantal leerlingen is kenschetsend voor het aanzien van den meester in zijn verschillende perioden. Reeds in Leiden had hij enige leerlingen, waaronder de bekende Gerard Dou. In de jaren van succes en grote opdrachten nam het aantal leerlingen en beïnvloedden toe. In de jaren van tegenslag had hij nauwelijks nog leerlingen.

Rembrandts leerlingen en schilders door hem beinvloed

1626 - 1631

1632 - 1642

1643 - 1657

1658 - 1669

gekleurd: leerlingen   grijs: beinvloed

Aan de vele zelfportretten, waarvan hier vier zijn afgebeeld, kan zijn ontwikkeling als mens en kunstenaar gevolgd worden. De overgang van zijn vroege tot zijn late stijl is ook te zien aan zijn schildertechniek. Zijn vroegere zwierige, bewogen wijze van uitbeelden gaat gepaard met een schildertechniek, die zorgvuldig polijst en vol liefde tot in de kleinste details afdaalt.

Elke rimpel van een hand is duidelijk te zien, de oppervlakte van een gelaat is fijn en glanzend.

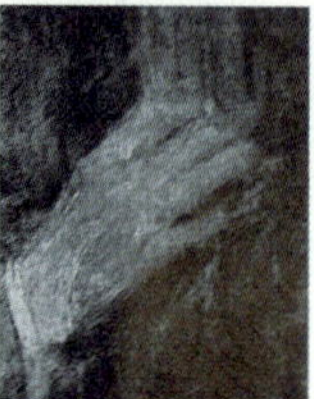

In zijn latere periode bedient Rembrandt zich van een essentiëel andere techniek. Zijn penseel strijkt krachtig over het doek, waar de verf dikwijls dik op blijft staan; de penseelstreken zijn naast elkaar gezet, zodat eerst van een afstand bekeken een gesloten geheel te zien is.

De verandering van zijn kunstzinnige opvatting is zowel van de tekeningen af te lezen, waar Rembrandt van een meer beweeglijke tot een rustige en vaste lijn kwam, als van de etsen, die eerst als studies bedoeld, later gesloten composities werden.

Opvallend is, dat in Nederland minder schilderijen van Rembrandt zijn, dan in het buitenland.

Schilderijen van Rembrandt in Nederland

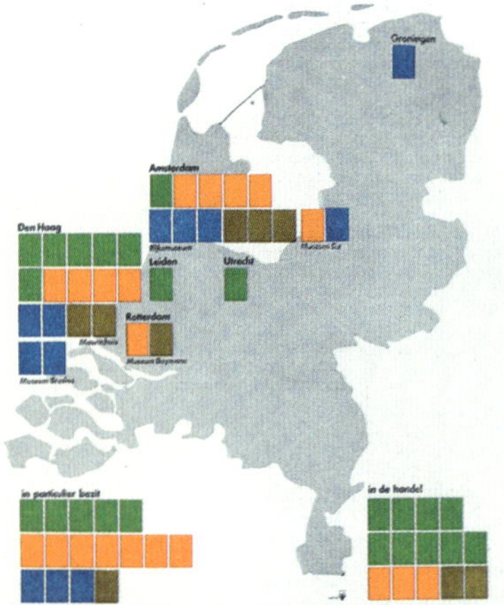

Nederland bezit o.a. grote groepsportretten (Den Haag en

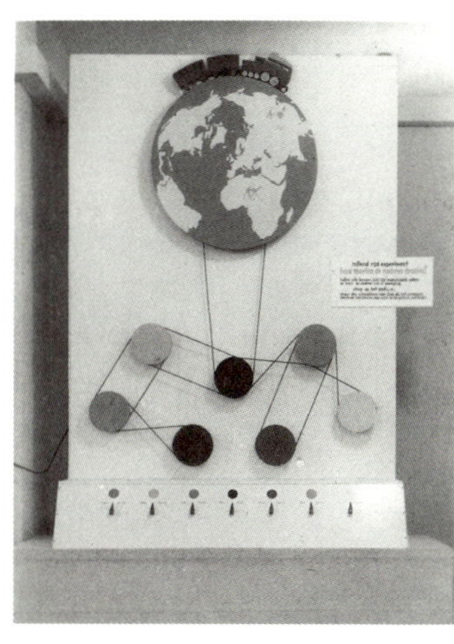

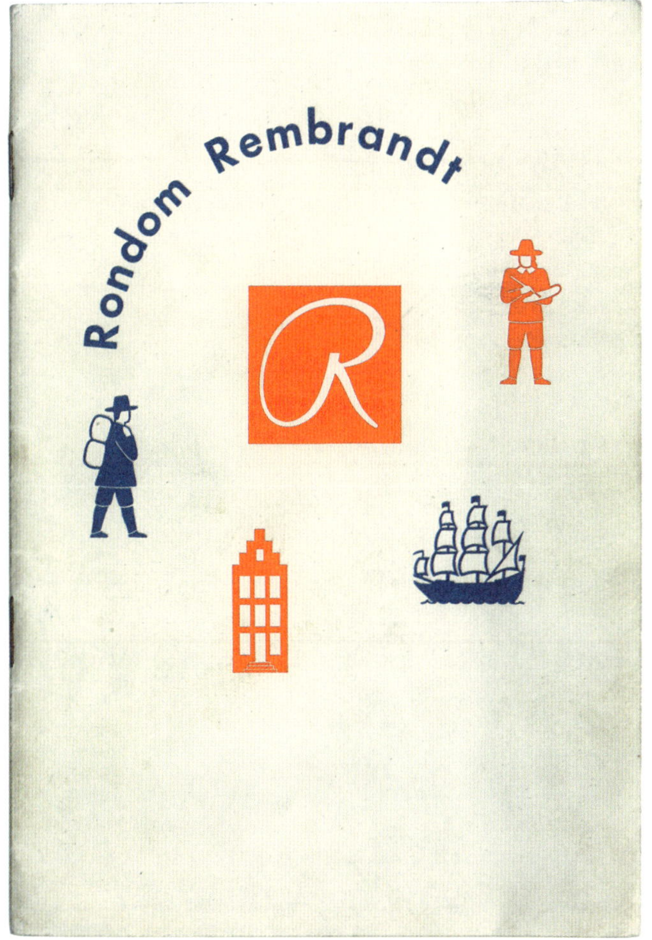

1.49, 1.50 Tafeln für die «Rondom Rembrandt»-Ausstellung wurden 1938 in den drei De Bijenkorf-Kaufhäusern gezeigt. Die Farben markieren die wichtigen Abschnitte in Rembrandts Leben und Werk. Dies ist ein weiteres Beispiel dafür, wie Inhalt und Bedeutung durch einfache Kodierung visuell sichtbar werden.

1.51 Die Titelseite des Ausstellungskatalogs setzt die Idee «Rund um Rembrandt» visuell um.

1.52 1939 wurde eine zweite Ausstellung über die Geschichte der holländischen Eisenbahn – in dreifacher Ausführung – für De Bijenkorf angefertigt. Dieser Ausstellungsapparat konnte durch Besucher in Bewegung gesetzt werden.

Mannesalter, Greisenalter, denen wir die Farben Grün, Rot, Blau, Braun gaben. Mit diesen Kennfarben wurde das Auf und Ab seines Lebens gezeigt, zum Beispiel an der Zahl seiner Schüler in den vier Perioden. Vergrößerte Fotos von Ausschnitten seiner Bilder zeigten, wie sein Pinselstrich sich änderte. Dies war wohl die einzige Darstellung, die dem Museumsbesucher beim Betrachten der Bilder galt; dass gerade für sie jemand besonders dankbar war, hat mich gefreut.

Als besondere Anziehung dachte Neurath sich eine Reihe von Apparaten aus, bei denen gewisse Fragen die Ausstellung betreffend durch Einstellung eines Schalters beantwortet werden konnten, und am Schluss hörte man dann, ob die Antwort richtig oder verkehrt war. Bei einer folgenden Ausstellung für De Bijenkorf, «Het Rollende Rad» [Das rollende Rad], waren solche Apparate noch beliebter, weil dabei wirklich Räder ins Rollen gerieten. Neurath nutzte dabei Er- 1.52
fahrungen, die wir bereits in Wien gemacht hatten. Die Städtische Versicherung hatte ihn gebeten, durch eine Ausstellung Leute in den stillen Platz zu locken, wo sie ihr Büro

hatte – ein schöner Brunnen hatte dazu nicht geholfen. So richteten wir die «Zeitschau» ein mit immer wechselnden Darstellungen aktueller Ereignisse und mit einer Reihe von Apparaten, an denen die Leute ihre Geschicklichkeit oder Überlegung testen konnten – zu ihrer Ausführung hatte Neurath sich den Rat des Psychologen Ichheiser geholt, der mit dem Prüfen von Fähigkeiten zu tun hatte. Zur Mittagszeit drängte man sich in der Zeitschau – die Versicherungsanstalt war zufrieden.

1.53, 1.54 *Modern Man in the Making* (New York: Knopf, 1939) konnte Seite für Seite geplant werden: Otto Neurath schrieb die Texte und die Tafeln – umgesetzt vom Kernteam Neurath, Reidemeister, Arntz – wurden je nachdem passend gestaltet.

tion might bring about. Some fear a restriction of trade and profits, whether through the elimination of competitors by ruling groups, who in this way might secure large permanent incomes for their families, or through Fascism or Socialism spread by governmental institutions among the masses by improving their living-conditions. Some hold that centralization might result in suppression of freedom of the press and of speech; others that technical control is possible with a large amount of personal freedom: in other words, control of production without control of thinking.

It may be seen at a glance that the control of the basin of the Mississippi River alone needs the co-operation of over twenty states. The area of this basin is over a third that of the United States:

The Basin of the Mississippi and Its Tributaries

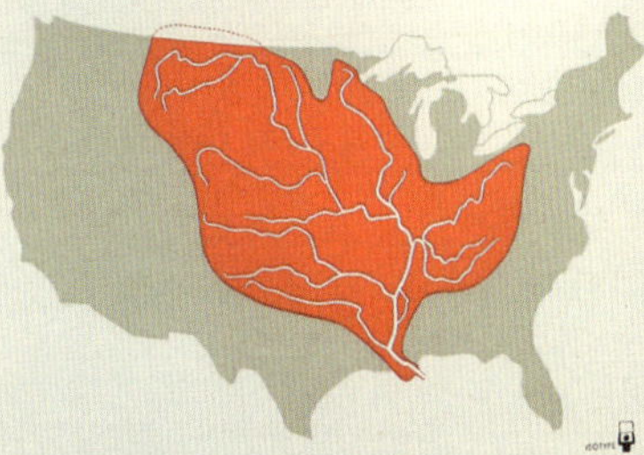

This is not the place to analyse the reason why people did not build their shelters far from river banks that may be flooded. Problems of trade and transportation influenced their decision. Great floods are a characteristic of the social environment of

many countries—for instance, of China and the United States. In certain states, such as Louisiana, about fifteen per cent of the population was afflicted by the great flood of 1927:

The Flooded Area near the Estuary of the Mississippi and Its Population

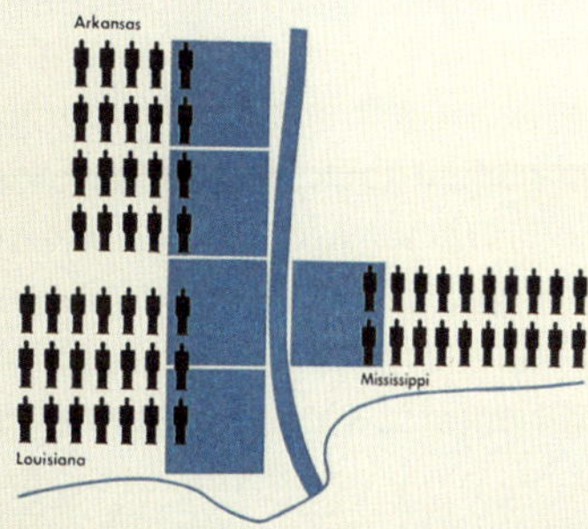

Each blue square represents 2,500,000 acres inundated in 1927
Each man symbol represents 100,000 population of states
on blue: population of flooded area

In China tremendous devastation is caused by floods, and the country lacks the well-organized relief which is a characteristic of the United States.

The main efforts to control floods are inseparable from efforts to organize irrigation. The civilization of the present time does not so much depend upon irrigation

furnaces that do away with shovelling coal, push-button conveniences, radio sets, phonographs, and motion-picture projectors have made the home more than merely a place where weary workers may snatch a few hours' needed sleep.

Modern Devices in Different Income Classes

Columbia, South Carolina

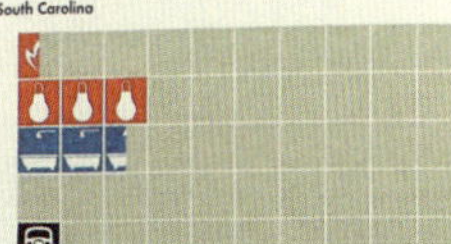

The number of homes out of 10 which have:
Gas for cooking Electric light Bathtubs or showers Refrigerators Automobiles

Family life in the city is different from family life on the farm. By tradition a farmer rises at dawn (even before dawn in winter) and toils until sundown, with a rest at noon for the principal meal of the day. When night falls he is at home. He goes to bed not much later than barnyard fowls go to roost. Working hours are determined by the length of the day and by the season. With urbanization and the electrification of the home there comes independence of the sun. Night is more than the time for sleep. This becomes apparent when we consider the hours when city folk and farmers take their meals.

Meal Times

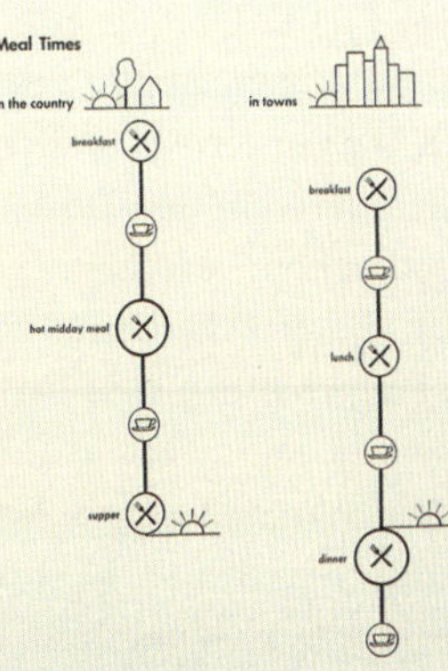

Bei einem der vielen Besuche Neuraths in New York wandte sich der Verleger Alfred A. Knopf an ihn mit der Bitte, ein Isotype-Bilderbuch für ihn zu machen, und als Thema schlug Neurath die heutige Welt vor; er brauchte ein Jahr zur Herstellung. Mit dieser guten Nachricht kam er heim: Wir haben dafür bereits so viel Material, wir brauchen nur zuzugreifen. Noch bevor wir mit der Arbeit anfingen, hatten wir ein Gespräch darüber, und diesmal war ich es, die drängte: Dir ist alle Freiheit gegeben, warum nicht die Gelegenheit nutzen, um etwas ganz Neuartiges zu schaffen? Bilder und Text viel inniger zu verbinden? Es war ein glücklicher Gedanke und Neuraths Gestaltungskraft wurde in Gang gesetzt, die das Buch – *Modern Man in the Making* – vom Anfang 1.53
bis in den Anhang hinein durchdringt. Meine Aufgabe der 1.54
Transformation betraf nun nicht nur die grafische Darstellung selbst, sondern auch ihre Einordnung in die Seite zusammen mit dem Text; ich hatte mich auch vielfach um die Beschaffung der Daten zu kümmern. Als grafischen Entwerfer hatten wir nur mehr Arntz, was der Einheitlichkeit des Ganzen gut tat. Aber größer noch als die Freude an der grafischen Gestaltung war für mich die Freude an der Unmittelbarkeit von Neuraths Äußerungen: seine Erkenntnisse, seine Anklagen, seine Wünsche und Hoffnungen, seine Sorgen, sein Humor und sein Optimismus treten in Bildern und Text zutage. Enge Zusammenarbeit mit dem Verleger war dabei notwendig: Wir mussten uns den Möglichkeiten der Farbverwendung auf jeder Doppelseite anpassen, und unsere Seiteneinteilung musste genau vom Drucker befolgt werden. Das geschah. Kurz vor Kriegsausbruch (1939) erschien *Modern Man in the Making* in den USA und England und holländische und schwedische Übersetzungen wurden sofort in Angriff genommen. Es war das letzte Stück Arbeit, das wir mit den alten Mitarbeitern ausführten. Dann kam die Invasion; beim Abschied sagte Neurath: Nun muss jeder für sich selbst entscheiden. Wir hatten, als Ausländer, Hausarrest und waren dadurch getrennt. Neurath und ich entschlossen uns, als die Höllander sich ergaben, zur Flucht und die beiden anderen zum Bleiben.

England und Oxford

Wir kamen in England just zum Zeitpunkt an, als alle potentiellen «feindlichen Fremde» interniert wurden. Im Februar 1941 wurden wir schließlich freigelassen und zum Aufenthalt in Oxford eingeladen. Nach der Internierung war der Erste, der uns um Mitarbeit bat, Paul Rotha, ein Pionier des Dokumentarfilms. Er kannte *Modern Man in the Making* und hatte gehört, dass Neurath in England ist. Für einen Film über Bluttransfusion brauchte er Diagramme, die die Blutgruppen erklären, und meinte, dass wir ihm da helfen könnten. Das war der Anfang einer jahrelangen, fruchtbaren Zusammenarbeit. Noch bevor wir uns mit den Problemen der Bluttransfusion abgaben, kam ein noch eiligerer Auftrag: Das Publikum sollte ermuntert werden, gewisse Abfälle zur Wiederverwertung zu sammeln. Der Film *A few ounces a day* war von Anfang bis zum Ende ein Zeichenfilm. Wir bekamen einen Text, und ich entwarf eine ununterbrochene Folge von Bildern, die ihn begleiteten. Der Anfang war: New York, eine Gruppe von Schiffen fährt ab längs der Wellenlinien des Ozeans; die Wolkenkratzer verschwinden am linken Rand des Bildes, die Wellen bewegen sich nach links; eine Explosion, und ein Schiff sinkt. So geht es weiter, bis am Schluss alle die gesammelten Unzen wieder ein Schiff füllen. In allen anderen Filmen, die wir mit Rotha gemacht haben, waren unsere Diagramme in die fotografischen Teile eingebaut, wo die Argumentation das verlangte, wobei die Zusammenarbeit manchmal schon beim Entwurf des ersten Gedankengangs begann. Die filmische Bewegung gab unseren Diagrammen verstärkte Wirkung. Zum Beispiel haben wir die Einkommensverteilung in England in folgenden Schritten gezeigt: eine Reihe von Figuren, die gesamte Bevölkerung darstellend, auf einem Sockel von Münzen, das gesamte Jahreseinkommen darstellend, sodass auf jeden das Durchschnittseinkommen entfällt; dann: So ist es aber nicht, viele haben sehr viel weniger – sie sinken hinab – nur wenige haben den Durchschnitt, einige haben mehr, die steigen etwas, und einer hat sehr viel mehr, er steigt und steigt, bis er endlich stehen bleibt. Wir waren einmal dabei, als dies in einem Kino gezeigt wurde, und wir hörten das erstaunte «Ah» im Publikum. Wir lieferten bei dieser Filmarbeit die Tafeln für die Schlüsselstellungen und erklärten in Worten, wie die Übergänge zu sein hatten. Alle für das Filmen notwendigen Zwischenzeichnungen wurden von einer besonderen Firma hergestellt. Rotha und Neurath planten, die Technik des Trickfilms in einer eigenen Firma selber zu entwickeln; auch wurde geplant, Filmstrips zusammen herzustellen, die in Schulen immer mehr verwendet werden können. Es ist nicht dazu gekommen.

Neben der Filmarbeit gab es während des Krieges bald auch Buchillustrationsarbeit zu tun, meist in der altgewohnten Art. Wir hatten bereits Zeichenlehrer und Schüler von ihnen zu Mitarbeitern gewonnen, und bald hatten wir unser Zeichenlexikon, wozu wir nicht mehr Linolschnitte, sondern Klischees verwendeten. Bevor wir uns wieder eine kleine Druckerpresse anschafften, baten wir eine Druckerei, uns die Symbole zu drucken. Während des Krieges kamen alle Aufträge durch das Ministry of Information. Nach Kriegsende mussten sich Film- und Buchproduktion umstellen. Es gab noch eine Reihe von Filmen, zum Beispiel zwei für den Schulgebrauch, über die Geschichte der Schrift und die Geschichte des Druckens. Der erste Buchauftrag war eine visuelle Geschichte der Menschheit; man strebte internationale Behandlung an, und dazu schien eine visuelle besonders geeignet. Es fing alles mit einem großen Komitee an, von dem aber nur Professor Joseph Lauwerys mit der Arbeit in Kontakt blieb. Eine wissenschaftliche Mitarbeiterin sammelte Haufen von Material für uns, erst zur Urgeschichte der Menschheit und deren Erfindungen wie Jagd großer Tiere, Bergbau, Feuer, Werkzeuge. Bei manchen Themen ergab

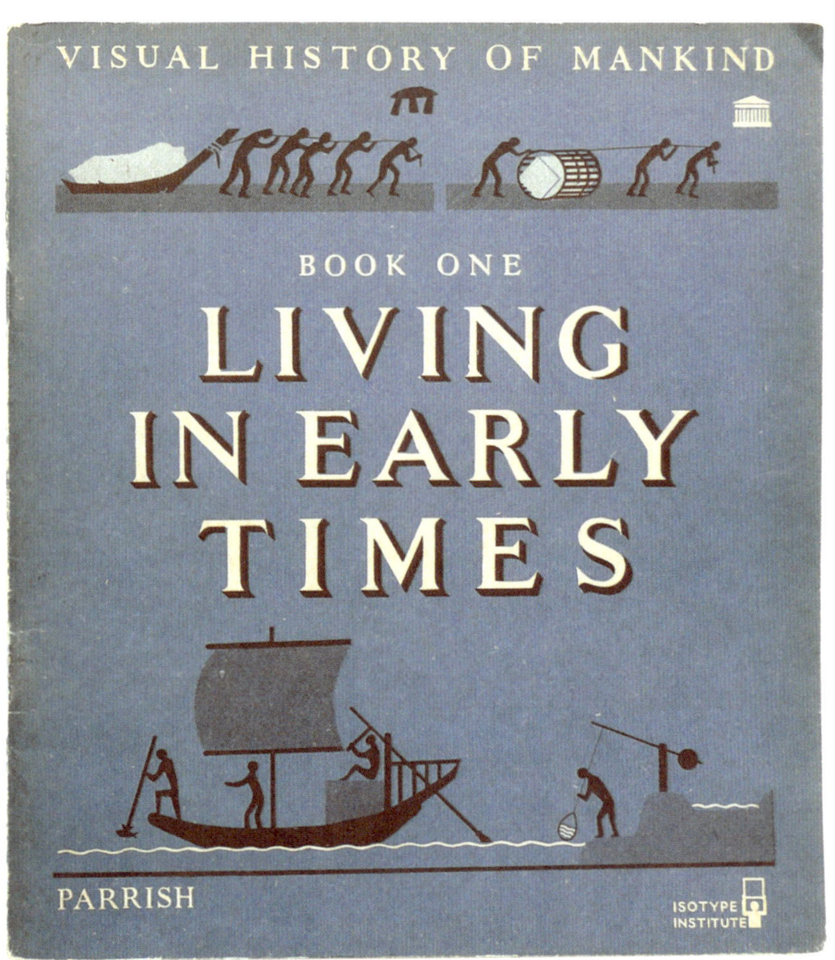

1.55 Titelseite der ersten «Visual history of mankind»-Buchreihe; *Living in early times*, London: Max Parrish, 1948. (219 × 194 mm)

7. Getting Fire Keeping Fire Making Fire

1
Explain how the tree in the first column of pictures catches fire.

2
What do the men in the first column of pictures do?

3
In some pictures lava comes down the side of a hill. What does it do to the bush when it touches it?

4
What is the name given to a mountain from which lava runs?

5
Look at chart 20. Then say what else besides lava can come from a volcano.

6
Explain what the men are doing in the second column of pictures.

7
Does lightning and do volcanoes often set fire to trees?

8
How could the men take fire some distance from a volcano?

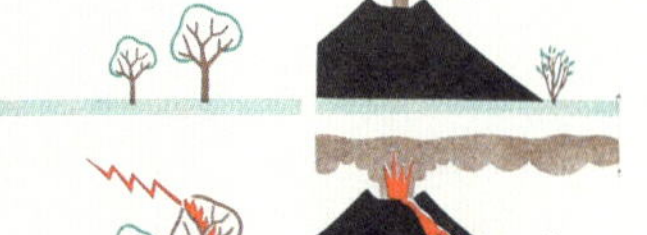
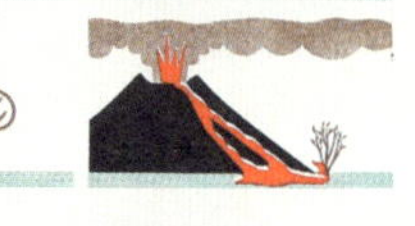
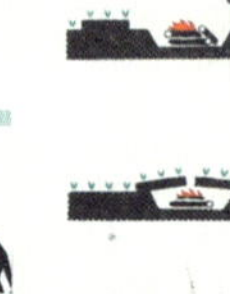
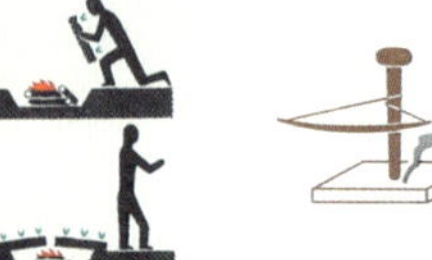
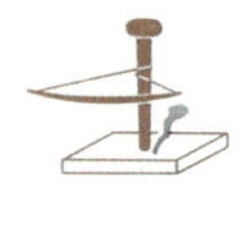
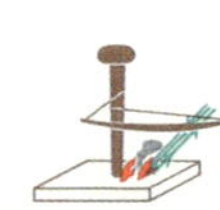
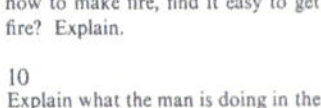

9
Would early men, before they learned how to make fire, find it easy to get fire? Explain.

10
Explain what the man is doing in the third column of pictures.

11
Why does the fire flare up again when the man in the third column of pictures takes up the blocks of turf?

12
Look at the fourth column of pictures. In what other chart can you find a bow used to make a drill go round?

13
Explain how the fire gets lit in the fourth column.

14
In the fourth column, green stands for straw. Why is it being used?

15
What uses of fire have you come across in charts printed in this book? Give a list of the uses of fire.

15. The Lake Dwellers

1
What are the men in the boat doing? How may they have made this boat?

2
What are the men on the platform doing?

3
What are the men on the land doing?

4
What animals are shown?

5
How did lake dwellers keep their fire from setting their house alight?

6
What kinds of food did lake dwellers eat?

7
What did the lake dwellers do when the sun went down?

8
What advantages did the lake dwellers get from putting their house over water?

9
Which of the tools shown are fish hooks? Which is a scythe? A harpoon? A saw?

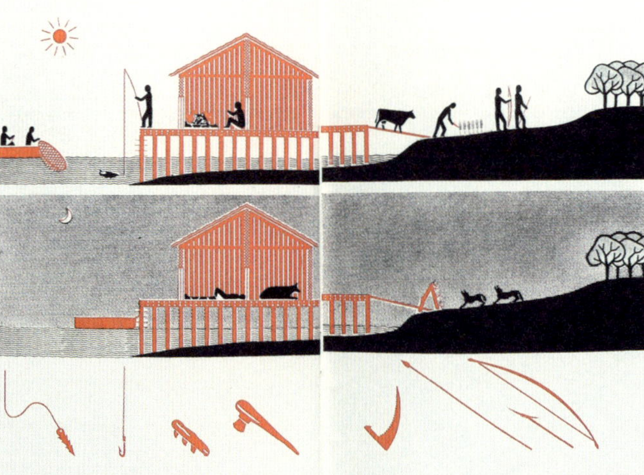

10
Give a list of the tools and weapons used by lake dwellers.

11
Which of the tools and weapons shown could be made out of bone? Which out of stone?

12
Explain how lake dwellers may have built their houses.

13
Name some places where lake dwellers may have lived.

14
What kept wolves from the lake dwellers' cows?

15
For what purpose could each of the tools or weapons of the lake dwellers be used?

16
Are there any people nowadays whose methods of building and living are like those of lake dwellers?

17
Name two things the lake dwellers did which we do.

sich die Darstellung durch leicht verständliche Folgen von
Szenen, zum Beispiel beim Feuer finden und Feuer machen:
Bei anderen saß ich hilflos vor den vielen Seiten füllenden
1.55 Informationen und sagte: Ich kann hieraus kein Bild machen.
1.56 Neurath erwiderte aber nur: Natürlich kannst du das. Es
1.57 handelte sich um das Leben in den Pfahlbauten. Was ich tat
war, das Material beiseite zu schieben, mich daran zurückzuerinnern und mich zu fragen: Was davon ist besonders bemerkenswert? Mir schien wichtig: Der Schutz, den die Menschen in ihren Pfahlbauten suchten, war nicht vor anderen Menschen, sondern vor wilden Tieren – etwas, was man an den üblichen Abbildungen nicht sehen konnte. Das konnte nur mit dem Vergleich zweier Bilder erklärt werden: das Leben bei Tag, das Leben bei Nacht. Das Anbringen von vielerlei anderer Information über die Werkzeuge, Boot und Fischfang, Jagd und Feldbau, Vieh und Feuerherd war dann leicht zu bewerkstelligen. Diese Tafel spielte eine gewisse Rolle in unseren Gesprächen mit Professor Gordon Childe, den wir zusammen mit dem Verleger Wolfgang Foges in Edinburgh aufsuchten, um ihm unsere Tafeln vorzulegen; er sagte, wenn wir diese Dorfform zeigen, die ja nur ein Ausnahmefall sei, sollten wir die viel allgemeinere auch zeigen und gab uns dafür Unterlagen nach den Ausgrabungen in Köln-Lindenthal.

All die Jahre bis zum Schluss habe ich immer meine Skizzen Neurath vorgelegt, bevor ich sie zur Ausführung gab. Wenn er einen anderen Versuch vorschlug, kam es nun öfter vor, dass ich den schon gemacht und verworfen hatte. Aber wenn wir fanden, dass sein Vorschlag eine Verbesserung war, freute er sich, dass ihm doch auch noch etwas einfalle. Bei der Arbeit an der visuellen Menschheitsgeschichte war es jedoch anders gewesen: Neurath mit seinem großen historischen Wissen und den lebhaften Vorstellungen stand völlig im Vordergrund, und ich war nur seine helfende Hand. Er war selbst bei der grafischen Ausführung mitbeteiligt, zum Beispiel bei Plan und Ansicht der mittelalterlichen Stadt. Neurath starb, als zwei Drittel der Arbeit erledigt war. Was nun?

Rotha kam sehr bald, um zu sagen, dass er die Zusammenarbeit mit dem Isotype-Institut wie bisher fortsetzen wolle. Foges kam auch und sagte mir dasselbe; er habe immer

1.56, 1.57 Eine breitere, weniger rein quantitative Herangehensweise zeigt sich in späteren Isotype-Arbeiten, die gleichzeitig frühere Methoden weiterentwickelten. Die tabellarische Anordnung der Materialien auf der ersten Doppelseite findet man zum Beispiel auch in früheren Arbeiten, siehe 1.48. (*Living in early times*)

bemerkt, dass Neurath immer alles erst mit mir besprechen wollte, bevor er sich entscheide. Mit derselben Selbstverständlichkeit hat sich der Vorstand des Isotype-Institutes mir gegenüber verhalten; sie waren bis zum Schluss eine Schar von Freunden, die mich hilfreich umgab. Neurath hatte den Übergang vorbedacht: In unserem Anstellungsvertrag mit dem Institut hatte er uns als Partner behandelt; wir waren beide Sekretäre des Instituts und «directors of studies»; wenn einer von beiden stirbt, fallen Pflichten und Rechte auf den anderen. All dies war ermutigend. Ich musste die Arbeit fortsetzen und ich musste die Verantwortung auf mich nehmen, die letzte Instanz zu sein.

Unter den vielen laufenden Arbeiten war die Fertigstellung der visuellen Menschheitsgeschichte die schwierigste. Eine gewisse Hilfe war, dass wir für Rotha mit historischen Themen zu tun bekamen, die Geschichte der Schrift und die Geschichte des Druckens. Andererseits war eine Belastung, dass wir bei der Bucharbeit mit einem neuen Mann zu tun bekamen: Foges erweiterte seinen Betrieb und schuf

eine eigene Verlagsabteilung mit Max Parrish als Leiter. Im Unterschied zu Foges, der uns schon von Wien her kannte, hatte er Neurath nie gesehen, und unsere ganze Art war ihm fremd. Ich gab ihm *International picture language* zu lesen, aber das half nicht, er sagte nur, das sei utopisch. Unsere Auffassungen waren in vielem grundverschieden, und bei solchen Unstimmigkeiten ist manches nicht so geworden, wie ich es mir gewünscht hätte. Bei der Themenwahl für die noch fehlenden Tafeln im zweiten und dritten Heft stand mir Joseph Lauwerys immer als Berater zur Verfügung, und wir haben es schließlich geschafft. Gordon Childe wollte ich damit nicht belästigen. Er war nun in London. Ich bat ihn nur, sich am Ende alle Tafeln anzusehen, bevor sie zum Drucker gingen. Er ist auch weiterhin mit mir in Kontakt geblieben.

London

Foges hatte so viel eilige Arbeit für uns bei neuen Projekten von Buchserien und Zeitschriften, dass er mich bat, mit dem Institut nach London zu kommen und bot uns Platz in einem großen Hause an, das er bezogen hatte. Inzwischen war es mir gelungen, ein Kinderbuch zu entwerfen, das das Interesse von Max Parrish gewann: «Da haben wir etwas», sagte er. Neurath hatte schon zwei Entwürfe gemacht, *Tits for Tots* und *Just Boxes*. Ich knüpfte an letzteren an; es handelte sich darum, dass Kästen, die von außen ähnlich aussehen, innen ganz verschieden sind, Schachtelmännchen, Fotoapparate, Radios usw. Man geriet dabei aber in zu schwierige Themen und so war es noch nicht befriedigend. Ich vermied das, indem ich die gleiche äußere Form aufgab: So konnte ich Wespennest und Leuchtturm, Vulkane und Tropfsteinhöhlen behandeln. Es folgte ein ähnliches Buch und dann eins über Londons Untergrundbahn, wobei die Verwaltung hilfreich war mit allen erwünschten Informationen. Ich hatte einen großen Kampf mit Parrish um die Darstellung der Piccadilly Circus-Station; er wollte etwas perspektivisches, wobei man den Winkel erkenne, unter dem sich die beiden Linien kreuzen. Ich erklärte, dass ich dabei alle Möglichkei-
1.58 ten verliere, Umsteigen und Aussteigen zu erklären. Hier ging
1.59 es um die Substanz der Methode, und diesmal konnte ich
1.60 nicht nachgeben. Das Buch war ein Erfolg. Es führte dazu, dass die Firma Cable & Wireless sich mit der Bitte an Parrish wandte, dass wir ein Buch über ihre technischen Probleme machen; es kämen oft Anfragen von Schulen und

88

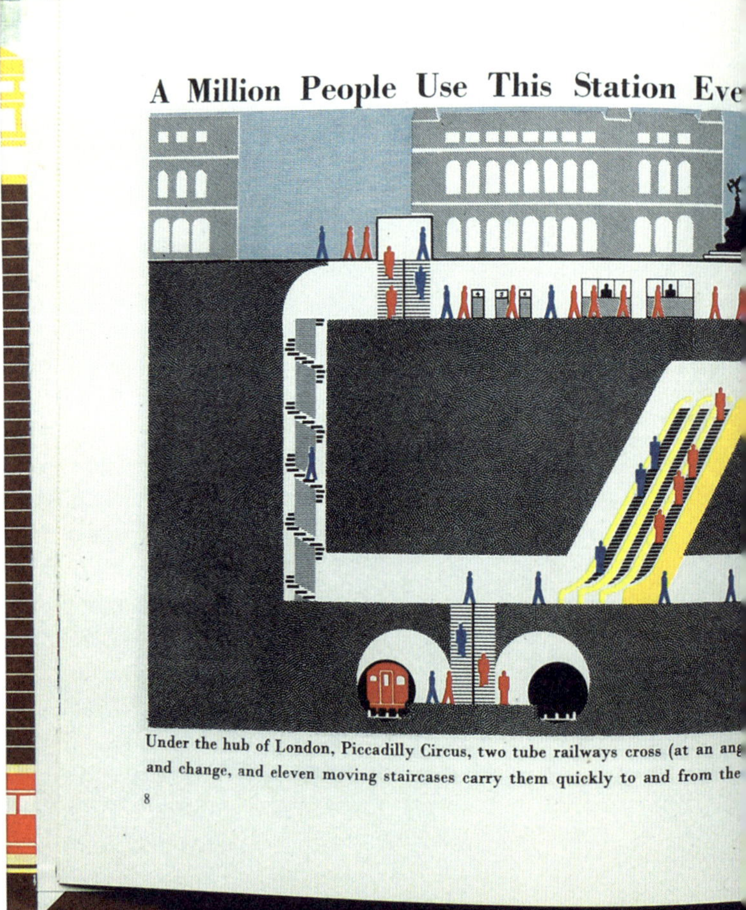
A Million People Use This Station Eve
Under the hub of London, Piccadilly Circus, two tube railways cross (at an ang
and change, and eleven moving staircases carry them quickly to and from the
8

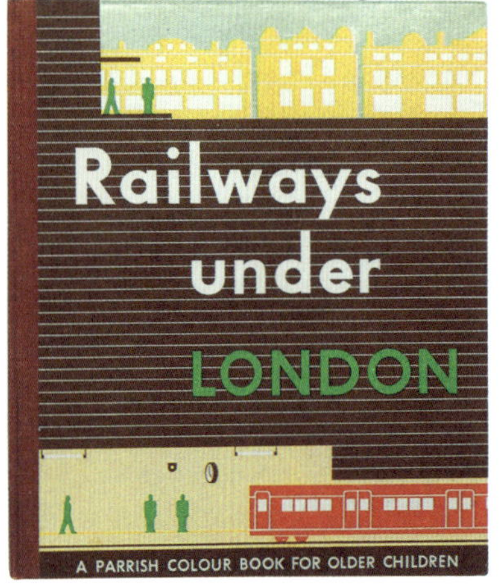
Railways
under
LONDON
A PARRISH COLOUR BOOK FOR OLDER CHILDREN

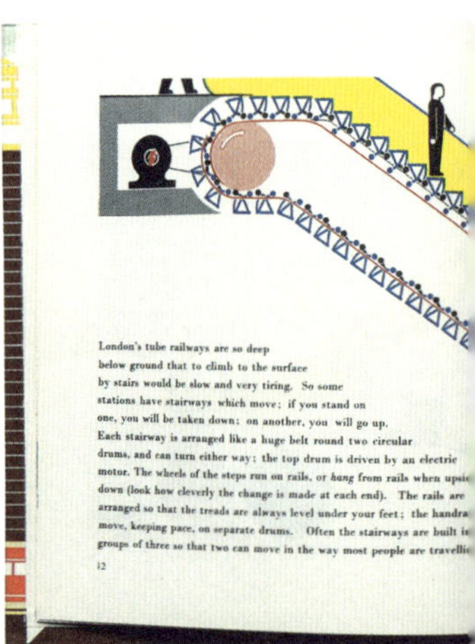
London's tube railways are so deep
below ground that to climb to the surface
by stairs would be slow and very tiring. So some
stations have stairways which move; if you stand on
one, you will be taken down; on another, you will go up.
Each stairway is arranged like a huge belt round two circular
drums, and can turn either way; the top drum is driven by an electric
motor. The wheels of the steps run on rails, or *hang* from rails when upsi
down (look how cleverly the change is made at each end). The rails are
arranged so that the treads are always level under your feet; the handra
move, keeping pace, on separate drums. Often the stairways are built i
groups of three so that two can move in the way most people are travelli
12

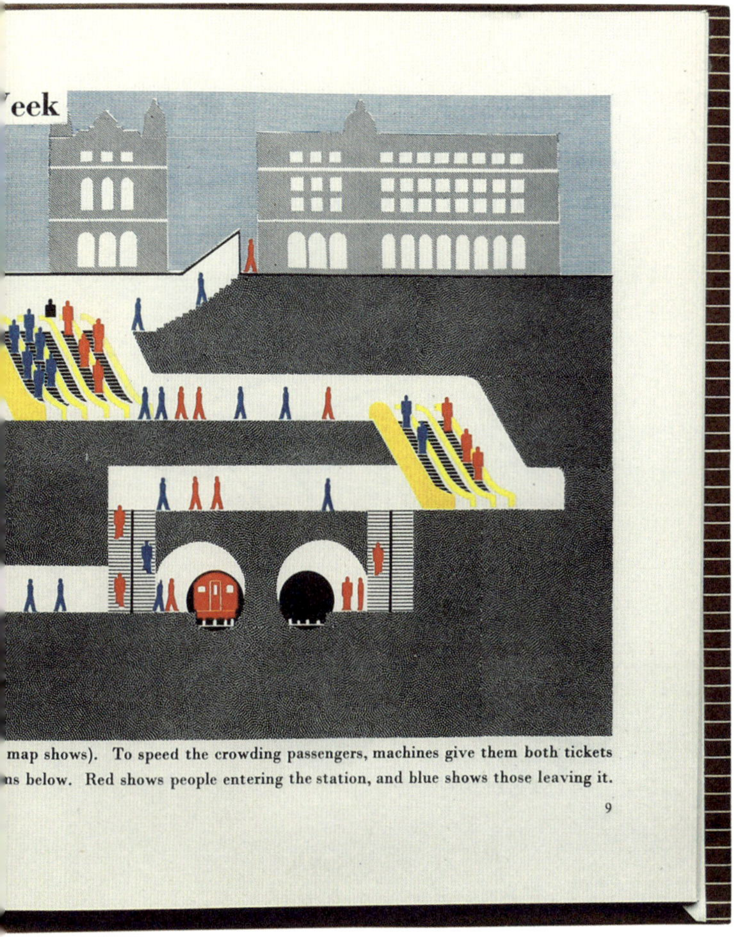

eek

map shows). To speed the crowding passengers, machines give them both tickets
ns below. Red shows people entering the station, and blue shows those leaving it.

9

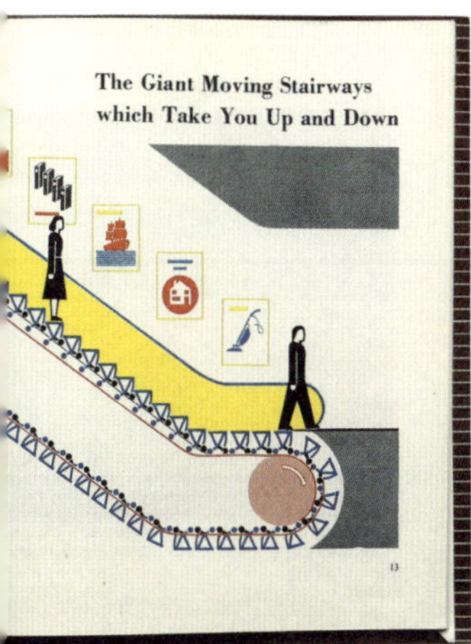

1.58–1.60 Die Isotype-Prinzipien der visuellen Deutlichkeit und Konsistenz konnten auch für eine einfache Erklärung für «wie Dinge funktionieren» angewandt werden. Marie Neurath, *Railways under London*: Max Parrish, 1948 (223 × 192 mm)

sie hätten kein geeignetes Material. Wir bekamen Haufen von Material, es war schwierig, aber es lohnte sich. Ich lernte, der technischen Probleme Herr zu werden, indem ich sie in kleinste Elemente zerlegte und Gleichzeitiges nebeneinander zeigte. So kamen die Kinderbücher in Gang, vor allem, nachdem beschlossen wurde, neben einer technischen Serie eine andere über die Tiere und Pflanzen laufen zu lassen. Es
kam dann auch noch eine Schulbuchserie zustande, *Visual* **1.61**
Science. Da es sich um Naturwissenschaften handelte, die ich **1.62**
einst studiert hatte, fiel mir das wesentlich leichter als die **1.63**
Geschichtsbücher.

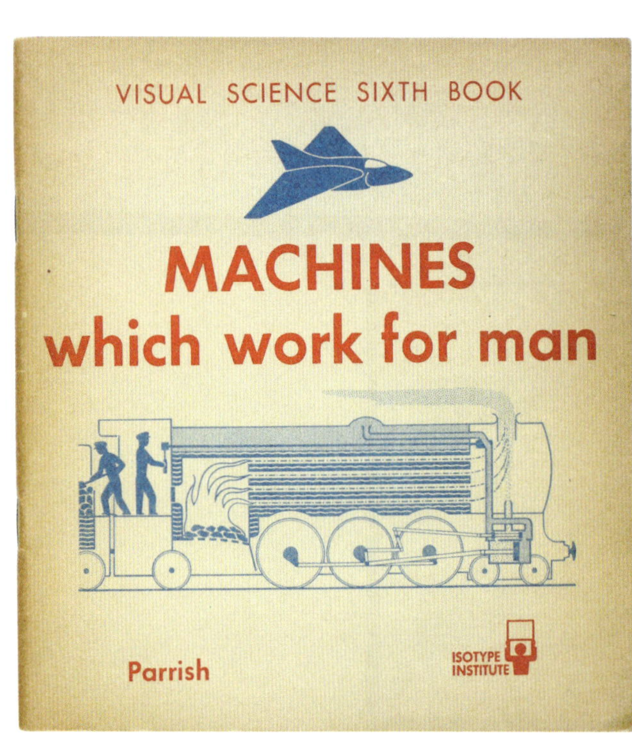

1.61–1.63 Die hier erklärte Wissenschaft ist intrinsisch visuell: Die Schaubilder arbeiten mit den Informationen zusammen und werden unterstützt durch Farbkodierung. *Machines which work for man*, London: Max Parrish, 1952 (215 × 202 mm)

An Electric Motor at Work

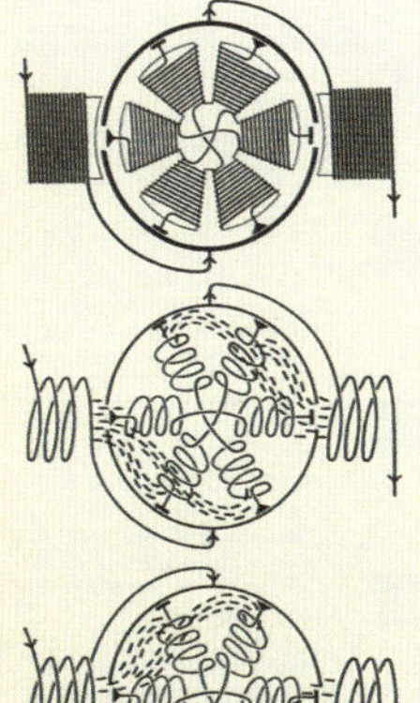

Motors are usually more complicated than the one we saw on page 31. A north pole and a south pole of a large electro-magnet face each other. Between those two poles there are *three* coils (six halves) instead of only one. The same electric current flows round the large electro-magnet and through all three of the small coils.

Here one of the small coils has both its ends level with the gaps in the circle. No current flows through it, and for the moment it is not a magnet. *If there were no other small coils the whole circuit would be broken for a moment and the motor would work in a jerky fashion.* But there are two more small coils; current flows through them and the motor keeps working smoothly.

Look again at the second picture. Which way does the motor turn? Here the motor is wired differently. Which way does the motor turn now? In the vacuum cleaner shown on the opposite page the motor is wired to turn in the direction shown in this diagram.

32

1 How is the current carried to the motor of this cleaner? Looking from above, does the fan-like wheel revolve in a clockwise or an anti-clockwise direction?

2 In which direction does the roller carrying the brushes revolve? What else besides air will be drawn into the cleaner?

3 Do you think the air that enters the cleaner can pass out through the pores of the bag? Can dirt also pass through the pores of the bag?

4 Explain how the cleaner cleans the carpet while the motor is turning.

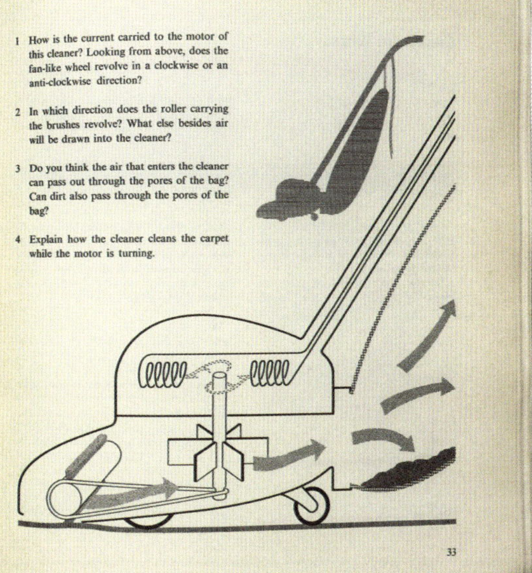

33

Simple Machines for Lifting Large Weights

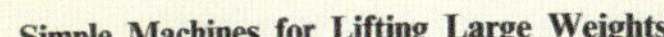

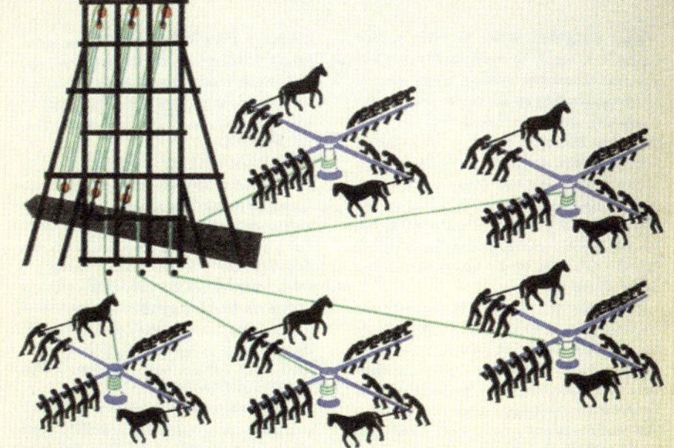

Nearly four centuries ago a stone column weighing hundreds of tons was set up in front of St. Peter's Church in Rome. The chief engineer, Domenico Fontana, wrote a book containing pictures showing how the job was done, using only simple machines worked by muscle-power.

Tall wooden towers were built on each side of the column, from which a number of pulleys were suspended. One end of each pulley-rope was fixed to the column; the other end passed round a wheel and was attached to one of the capstans near by. When the signal was given, men and horses began to turn the capstans. The ropes wound round the capstans, raising the pulleys and lifting the tremendous weight of the column. The pictures on page 7 show how pulleys and capstans help to make good use of muscles.

6

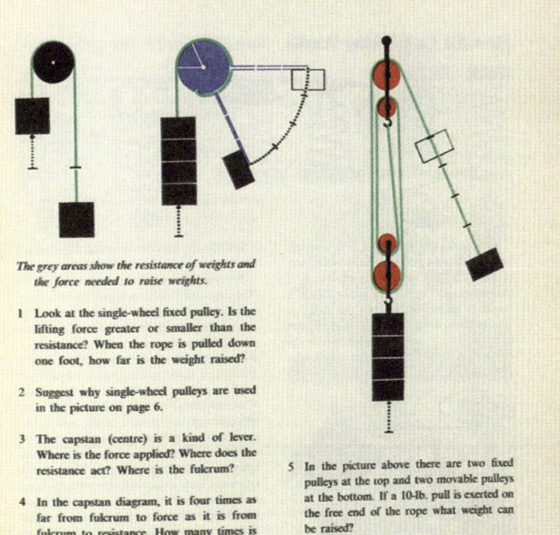

The grey areas show the resistance of weights and the force needed to raise weights.

1 Look at the single-wheel fixed pulley. Is the lifting force greater or smaller than the resistance? When the rope is pulled down one foot, how far is the weight raised?

2 Suggest why single-wheel pulleys are used in the picture on page 6.

3 The capstan (centre) is a kind of lever. Where is the force applied? Where does the resistance act? Where is the fulcrum?

4 In the capstan diagram, it is four times as far from fulcrum to force as it is from fulcrum to resistance. How many times is the lifting force smaller than the resistance? How far must the end of the spar be moved to lift the weight one foot?

5 In the picture above there are two fixed pulleys at the top and two movable pulleys at the bottom. If a 10-lb. pull is exerted on the free end of the rope what weight can be raised?

6 How far must the free end of the rope be moved in order to lift the weight one foot?

A3068

7

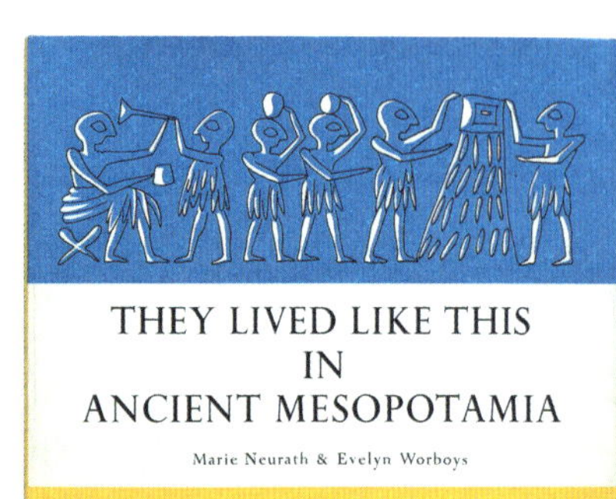

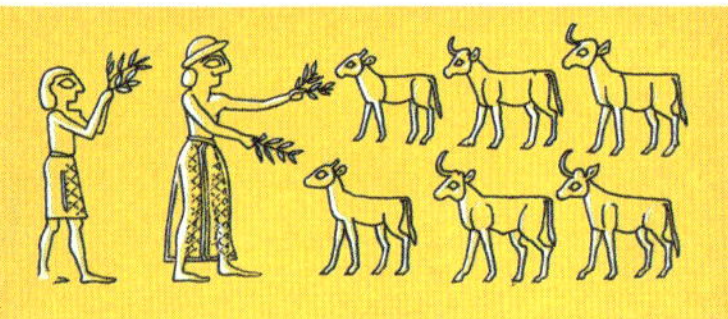

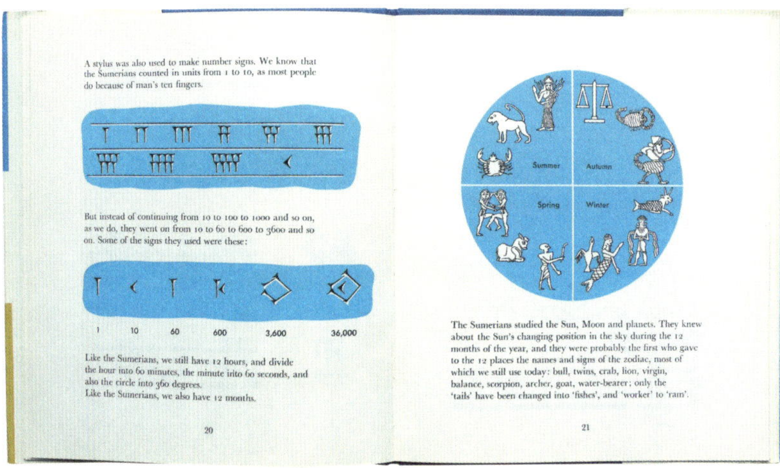

A stylus was also used to make number signs. We know that the Sumerians counted in units from 1 to 10, as most people do because of man's ten fingers.

But instead of continuing from 10 to 100 to 1000 and so on, as we do, they went on from 10 to 60 to 600 to 3600 and so on. Some of the signs they used were these:

1 10 60 600 3,600 36,000

Like the Sumerians, we still have 12 hours, and divide the hour into 60 minutes, the minute into 60 seconds, and also the circle into 360 degrees.
Like the Sumerians, we also have 12 months.

20

Summer Autumn Spring Winter

The Sumerians studied the Sun, Moon and planets. They knew about the Sun's changing position in the sky during the 12 months of the year, and they were probably the first who gave to the 12 places the names and signs of the zodiac, most of which we still use today: bull, twins, crab, lion, virgin, balance, scorpion, archer, goat, water-bearer; only the 'tails' have been changed into 'fishes', and 'worker' to 'ram'.

21

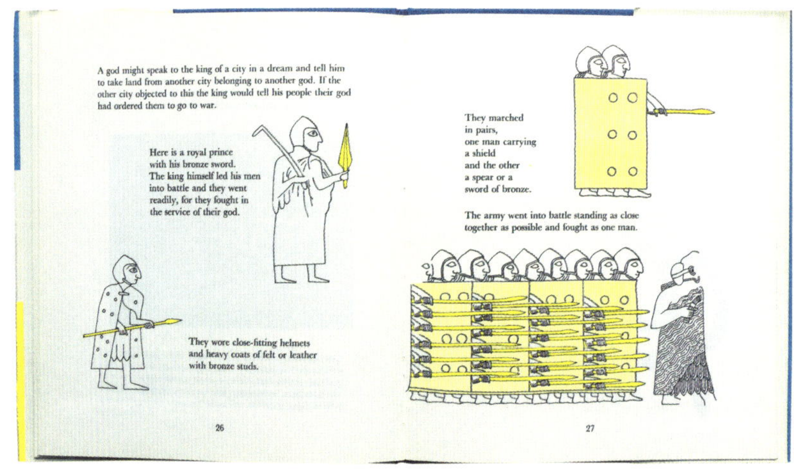

A god might speak to the king of a city in a dream and tell him to take land from another city belonging to another god. If the other city objected to this the king would tell his people their god had ordered them to go to war.

Here is a royal prince with his bronze sword. The king himself led his men into battle and they went readily, for they fought in the service of their god.

They wore close-fitting helmets and heavy coats of felt or leather with bronze studs.

26

They marched in pairs, one man carrying a shield and the other a spear or a sword of bronze.

The army went into battle standing as close together as possible and fought as one man.

27

Nach Veröffentlichung der visuellen Menschheitsgeschichte wandte sich ein Verleger von Filmstrips (Common Ground) an uns mit der Bitte, ihm unsere Filmstrips zur Veröffentlichung zu überlassen. Dadurch kam es zu Verhandlungen und einem Vertrag und zu jahrelanger, fruchtbarer und freundschaftlicher Zusammenarbeit. Bei der Herstellung unserer Bilder passten wir uns den Produktionsbedingungen an, und auch die Wahl der Themen wurde vereinbart. Man bat uns vor allem um geschichtliche Themen. Ich machte mich an den Entwurf einer Umarbeitung des ersten Bandes unserer Menschheitsgeschichte. Ich musste mich in dieses neue Medium einleben: Pro Bild musste sehr viel weniger geboten werden als etwa auf einer Buchseite. Andererseits ist man freier in der Wahl der Farben und kann auch fotografisches Material einbauen. Wir behandelten dann viele alte Kulturen, Mesopotamien und Ägypten, Griechenland und Rom, Palästina, die Weltreligionen usw. Die Themen faszinierten mich. Es fing schon an bei den mesopotamischen Zylindersiegeln und ihrer Deutung. Bevor ich unsere Bilder an den Filmstrip-Verleger ablieferte, zeigte ich sie Max Parrish, um ein Buch darüber vorzuschlagen. Bevor er sich aber zu irgendetwas entschließen konnte, wurde er von seinem Vorstand entlassen. Nach einem für mich sehr nützlichen Zwischenspiel mit dem Verleger Heinemann, bei dem die Herausgeberin von Kinderbüchern mir meinen Text sehr radikal kürzte, kehr-
1.64 te ich zum Nachfolger von Max Parrish zurück, und eine Serie
1.65 von zwanzig Büchern, *They lived like this*, kam bei dem Ver-
1.66 lag unter seiner Leitung heraus. Mir wurde volle Freiheit
gelassen und ich genoss diese Arbeit. Wie die Völker lebten, wurde mit ihren eigenen Darstellungen erzählt, Zylindersiegeln und ägyptischen Wandbildern, griechischen und kretischen Vasenbildern, chinesische, japanische, mexikanische Formen wurden als Mitteilung eingeführt, und das Wort «Kunst» kam dabei gar nicht vor. Isotype-Darstellungen im engeren Sinne gab es nur gelegentlich, aber alle Bilder müssen mit dem Text zusammen gelesen werden.

1.64–1.66 In einer späteren Buchreihe wurde der visuelle Stil der vorgestellten Kultur genutzt, um die Erklärungen zu gestalten. Marie Neurath & Evelyn Worboys, *They lived like this in ancient Mesopotamia*, London: Max Parrish, 1964 (213 × 185 mm)

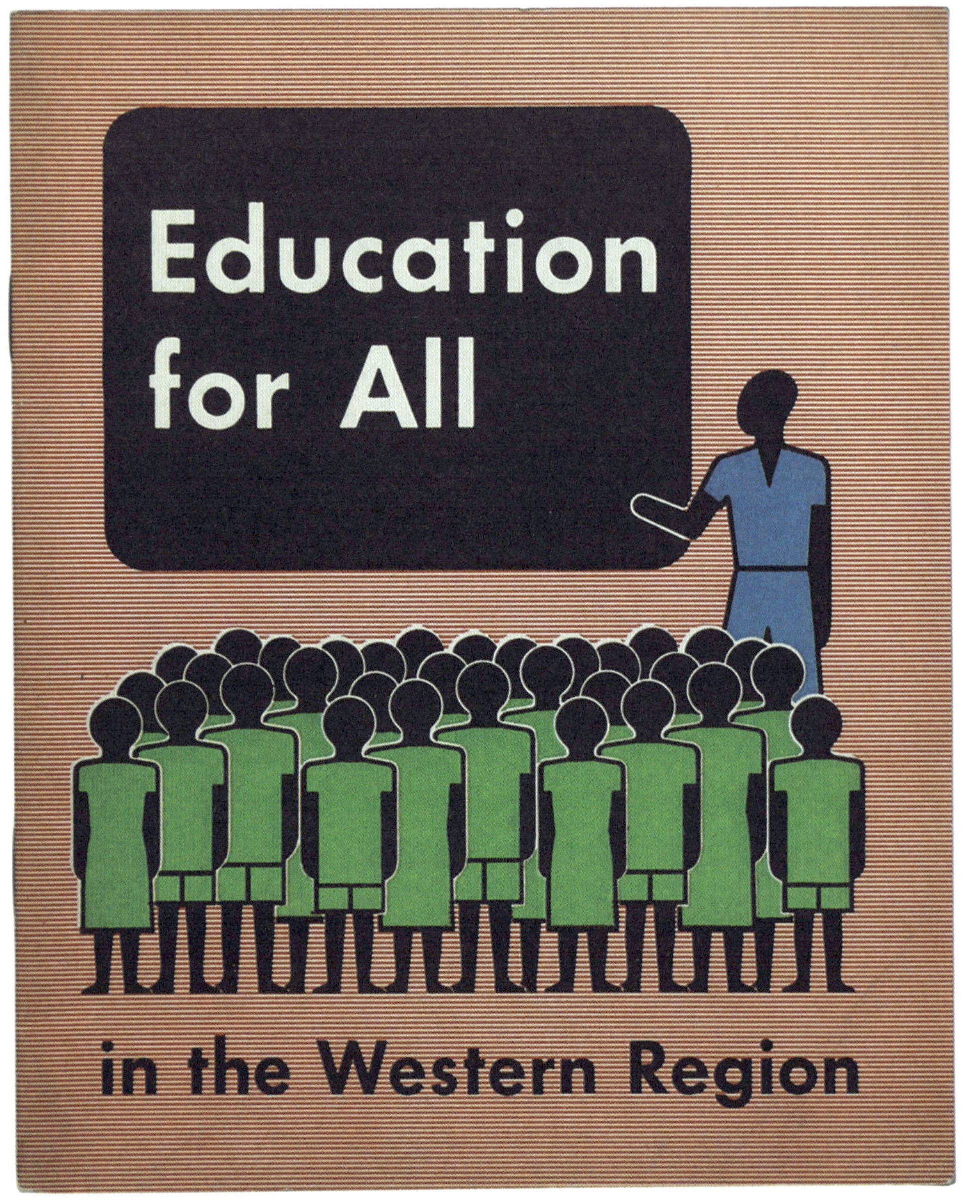

1.67 Titelseite von *Education for All in the Western Region* [Ibadan]: Western Regional Government, 1955 (202 × 166 mm)

Westafrika

In den Fünfzigerjahren gab es noch eine ganz besondere Erfahrung für mich. Durch Foges kam ich mit Nigerien in Verbindung. Er brachte mir eines Morgens eine Broschüre des Premierministers von Westnigerien und bat mich, sie schnell zu lesen und seine Hauptideen bildlich darzustellen; er käme nachmittags um 3, ich solle auch kommen. So war ich dabei, als Awolowo sich meine Skizzen ansah und mit seinem Privatsekretär diskutierte, wie man so etwas am besten verwenden könne, vielleicht als Flugblätter. Ich bekam dann eine Einladung, auf ein halbes Jahr nach Ibadan zu kommen; ich bat um zwei kürzere Aufenthalte stattdessen. Ich hatte schon in London ein Dokument bekommen über die Einführung der allgemeinen Schulpflicht und eine Tafel davon entworfen. Als ich dann in Ibadan auf den Straßen und Märkten spazieren ging, dachte ich: Was sollen sich diese
1.67 Menschen mit meiner Tafel abquälen und warf sie in den
1.68 Papierkorb. Ich entwarf stattdessen ein Bilderbuch von
1.69 16 Seiten, und Schritt für Schritt wurden die Argumente ent-
1.70 wickelt. Es gab sofort noch andere Themen zu behandeln:
Landwirtschaft, Gesundheitswesen, Budget. Ich wurde nach Ibadan zum Krankenhaus geschickt und auch zu Kliniken auf dem Lande und zu einer Leprasiedlung. Ein Arzt im Krankenhaus zeigte mir den Andrang im Wartesaal und beklagte sich, dass dieselben Patienten immer wieder kommen, weil sie immer wieder dieselben Fehler machen. Ich schlug besondere Bilderbogen vor, auch für die Wände im Wartezimmer, und der Gesundheitsminister ging sofort darauf ein. Als ich

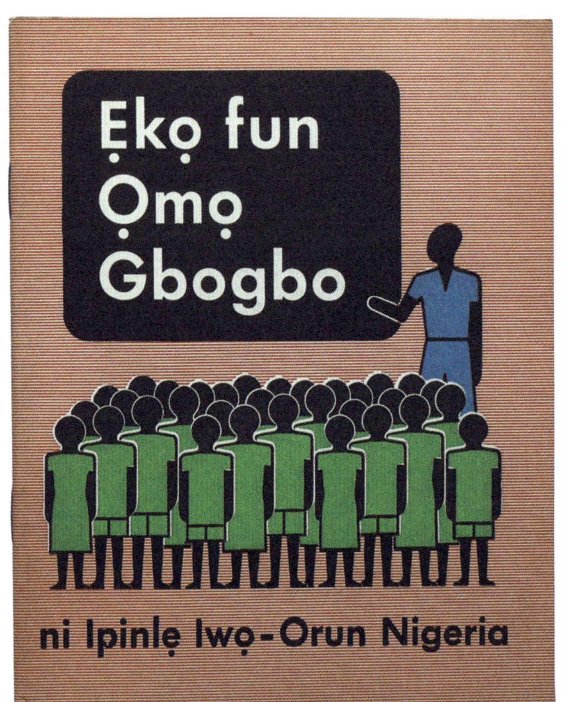
Ẹkọ fun
Ọmọ
Gbogbo
ni Ipinlẹ Iwọ-Orun Nigeria

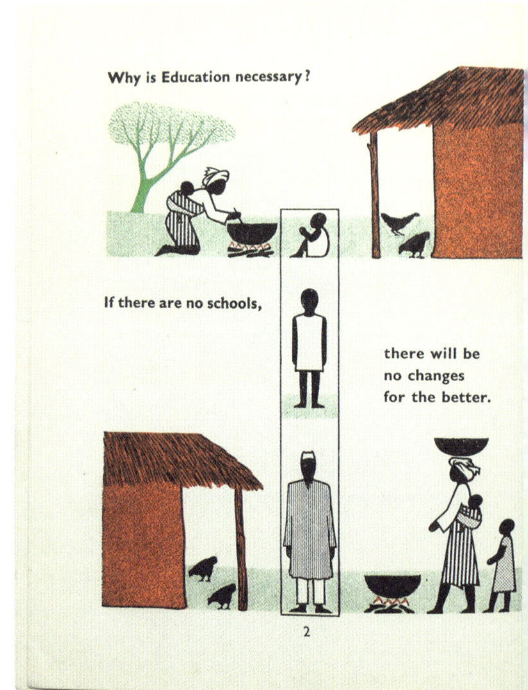
Why is Education necessary?
If there are no schools,
there will be
no changes
for the better.
2

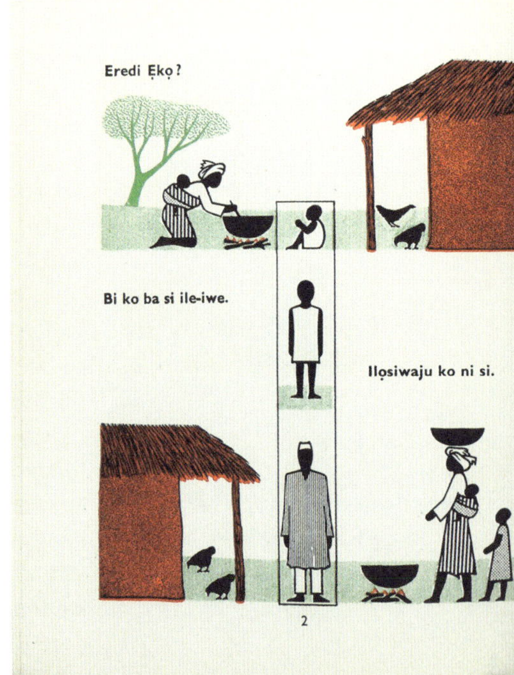
Eredi Ẹkọ?
Bi ko ba si ile-iwe.
Ilọsiwaju ko ni si.
2

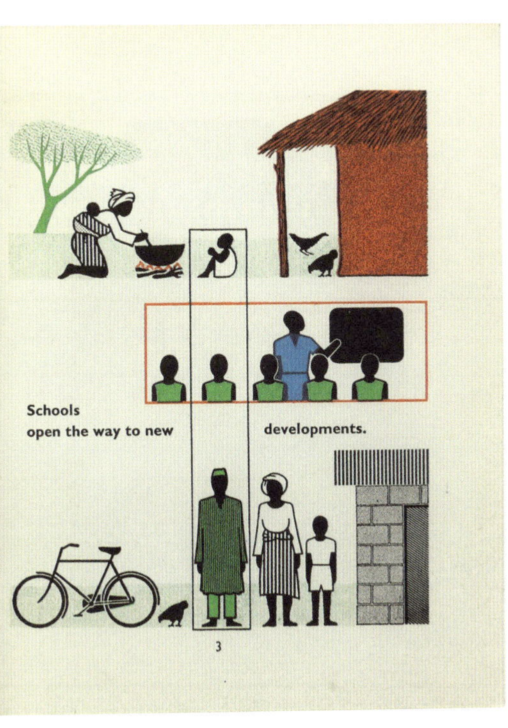

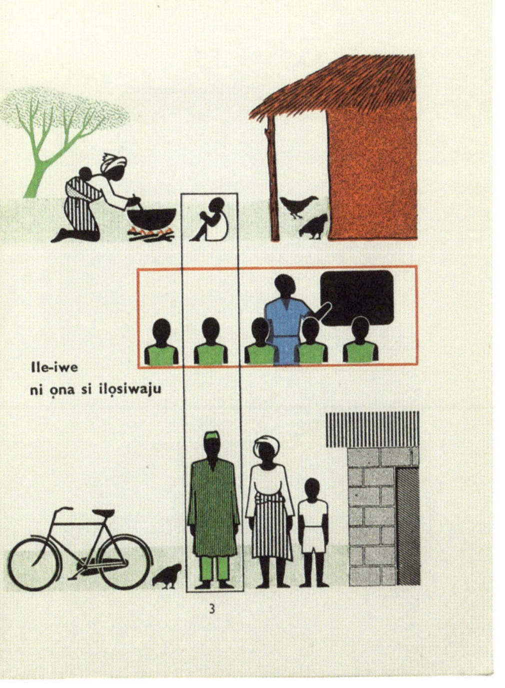

1.68 Titelseite der Yoruba-Ausgabe von *Education for All in the Western Region.*

1.69, 1.70 Hier wird die Entwicklung Schritt für Schritt visuell erklärt und verglichen. Die Schlussfolgerung wird dem Leser überlassen (englische und Yoruba-Ausgabe von *Education for All in the Western Region*).

zum zweiten Mal nach Westnigerien kam, konnte ich schon Probedrucke einiger Hefte mitbringen und ausprobieren. Ich ging zu einer Schule, die ich von früheren Besichtigungen in guter Erinnerung hatte, und bat den Leiter, dass die 25 Exemplare, die ich mitbrachte, in einer Klasse verteilt werden dürften. Ich sah mit Freude, wie die Kinder sich eifrig an das Besehen der Bilder machten. Als der Lehrer dies unterbrach und einen Schüler den Text vorlesen ließ, war ich etwas betrübt; ich schlug vor, dass ich lieber morgen wiederkomme und bat ihn, sich vorher das Buch anzusehen. Das bewährte sich in einer erstaunlichen Weise; nun wurden Text und Bilder zusammen gelesen, und der Lehrer erklärte den Kindern, was Export ist, mit einer Zeichnung an der Wandtafel: Küstenlinie des Landes, das Meer durch Wellenlinien angedeutet, ein abfahrendes Schiff mit Ladung, nach völlig erfasster Isotype-Methode. Natürlich mussten die Symbole für die Nigerier «sprechend» sein, wie sie es für die Wiener gewesen waren. Männer, Frauen, Kinder mussten aussehen wie dort, Häuser durften keine Schornsteine haben, aber in den Grundregeln der Transformation brauchte nichts geändert zu werden. Unsere Büchlein haben auch Gefallen in gebildeten Kreisen dort gefunden, wie mir später Rotimi Williams, der Minister für Lokalverwaltung, auf einem Empfang in London erzählte; er glaubte auch, dass die besonders hohe Wahlbeteiligung in Westnigerien unserer Broschüre, die den Wahlvorgang erklärte, zu verdanken sei. Es bestand eine Zeit lang ein Plan, in Nigerien eine Gruppe in unserer Methode anzulernen; aber obgleich ich allerlei dafür unternahm, war ich doch nicht zuversichtlich.

Der Blick nach vorne

Selbst die Sicherung des Fortbestehens unseres Instituts in England ist uns nicht gelungen, trotz verschiedentlicher Versuche – ich kann mich an drei noch zu Neuraths Lebzeiten erinnern. Der hoffnungsvollste war wohl im Zusammenhang mit der Arbeit für das Wohnbauprogramm in Bilston; es hätte wieder einer Gemeinde die Basis gebildet. Nach Neuraths Tod gab es weitere Pläne; ich versuchte auch, eine Nachfolgerin in meine Arbeit einzuführen. Nichts gelang.

Meine letzte Arbeit war der Filmstrip über die Geschichte der Medizin. Der Verleger freute sich, als er hörte, dass ich zu diesem Thema arbeitete, denn er habe nichts darüber. Dann verlor er plötzlich sein Leben durch einen Straßenunfall. Das war auch für meine Arbeit dort ein tragisches und plötzliches Ende, mit den Nachfolgern hatte ich nur ein Zusammentreffen; es nahm mir alle Lust zu weiterer Zusammenarbeit. Ebenso ging es beim Buchverlag; es gab Umorganisationen und ich bekam mit Leuten zu tun, deren Werte mit unseren nichts zu tun hatten. Ich selber war nun über 70 und beschloss, Schluss zu machen. So ist es zu einem wirklichen Ende gekommen, wie es einen ganz klaren Anfang gehabt hat.

Es gab nur mehr eine Aufgabe: ein Depot für unsere Sammlungen zu finden, das der aufwachsenden Jugend nützen könne. Durch einen glücklichen Zufall fand es sich. Zwei Studentinnen riefen mich aus Reading an und baten um ein Interview. Ich war erstaunt über die Art der Fragen, die sie an mich stellten: Ihnen schien wesentlich, was mir auch wesentlich ist. Ich fragte nach ihrem Studium und ihrem Lehrer und erfuhr so von Michael Twyman. Auf meine Bitte kam er bald zu einem Besuch. Das war der erste Schritt zu unserem Vertrag mit der Reading University. Unsere Sammlungen wurden dorthin gebracht, als ich das Büro aufgab. 1975 wurde eine Ausstellung über Isotype dort gemacht, und danach schrieb Robin Kinross seine Diplomarbeit über Otto Neuraths Beitrag zur grafischen Kommunikation. Auch anderswo in der Welt gibt es Menschen, denen unsere Arbeit etwas bedeutet. Für sie habe ich diese Skizze aufgeschrieben.

2

Isotype — die Aufgabe der Transformation

übersetzt von Robin Kinross, mit Einwürfen von Marie Neurath[1]

Marie Neurath hat einmal die Gruppenarbeit an den Tafeln im Gesellschafts- und Wirtschaftsmuseum beschrieben.[2]

> *Während der Wiener Zeit bestand unser Team normalerweise aus dem Direktor, zwei Transformierern, zwei leitenden Künstlern und einer Reihe von fähigen technischen Zeichnern. Zu den Akademikern, die Neurath für ihren Rat und ihr Wissen hinzuzog, gehörten Experten in Statistik, Geschichte, Medizin, Kartografie, Geografie, Ingenieurswesen, Volkswirtschaft, Kunstgeschichte, usw.*
>
> *So hat die Mannschaft gearbeitet (Außer, wenn wir Tafeln für eine Sonderausstellung machen mussten.): Eine Idee wurde von Neurath entwickelt, er hat es mit einem Experten besprochen, um seine Idee zu überprüfen und geeignetes Material zu bekommen. Der Transformierer war bei diesen Gesprächen anwesend, um sich in die Materie einzuarbeiten. Der Transformierer hat dann das Material genommen und hat eine Möglichkeit der visuellen Präsentation entwickelt. Die Skizze (mit Bleistift und Farbstiften) wurde mit Neurath besprochen (und gelegentlich mit dem Experten), bis man sich auf eine finale Version geeinigt hatte. Dies wurde in ein Buch kopiert (als Archiv) und das Farboriginal ging dann an den Künstler, der nun die Gestaltung und Druckvorlagen übernahm und die ganze Zeit in engem Kontakt mit Neurath und dem Transformierer stand.*

[1] Ein Problem beim Schreiben dieses Beitrages war praktischer Natur. Er musste auf Englisch geschrieben werden, und jemand musste für die Übersetzung ins Deutsche gefunden werden. Es war naheliegend – da sie den Gegenstand kennt und Deutsch ihre Muttersprache ist – Marie Neurath zu bitten. Die Verlegenheit des Historikers, einen der Hauptbeteiligten seinen Text übersetzen zu lassen, wurde beseitigt, indem diese Situation akzeptiert und zum Vorteil gewendet wurde: Der Historiker bat die Übersetzerin, ihre Gegenwart durch gelegentliches Wortergreifen bekannt zu machen (siehe die kursiv gedruckten Abschnitte). Diese Einwürfe mögen helfen, besser zu erklären, was für Überlegungen beim Herstellen von Isotype-Tafeln im Spiel waren. Ich möchte auch erwähnen, dass vieles von dem, was ich hier schreibe, in früheren Unterhaltungen, die ich mit Maria Neurath gehabt habe, angeregt wurde, und dass Ideen und Vorschläge verwertet wurden, die schon damals zur Sprache kamen.

[2] Beide Zitate stammen aus Marie Neuraths Artikel «Isotype», *Instructional Science*, Vol. 3, № 2, 1974, S. 137 und S. 136. Robin Kinross hat den Originaltext leicht abgeändert, damit er besser in diesen Kontext passt. Ein weiterer Artikel («Otto Neurath and Isotype», *Graphic Design* [Japan], № 42, 1971, S. 11–30) reflektiert über die Arbeit und ist nützlich bei der Beschreibung früherer Tafeln.

Sie hat auch den Prozess des Transformierens beschrieben:

> *Man muss einen Weg finden, um aus den Daten, bestehend aus Worten und Zahlen, die Kerntatsachen herauszuziehen und in Form von Bildern zu präsentieren. Es liegt in der Verantwortung des Transformierers, die Daten zu verstehen, die notwendigen Informationen vom Experten zu erfragen, zu entscheiden, was das Publikum erfahren soll, wie man es verständlich macht, wie man die spezifischen Informationen mit dem allgemeinen Wissen oder mit Wissen aus anderen Tafeln verbinden soll. In diesem Sinne ist der Transformierer der Treuhänder des Publikums. Er muss sich an die Regeln erinnern und sie einhalten, wo ratsam neue Varianten hinzufügen und gleichzeitig unnötige Ablenkungen vermeiden, um nicht zu verwirren. Er muss eine Rohversion (oder Skizze) der Tafel produzieren, worin viele Details bereits vorgegeben sind: Titel, Layout, Schrift, Anzahl und Farbe der Symbole, Bildunterschrift, usw. Es ist die Anleitung, die der Künstler für die Umsetzung nutzt.*

Die Idee der Transformation und einige Prinzipien und Methoden von Isotype lassen sich umfassend erkennen, betrachtet man die komplette Arbeitssammlung: Die gelieferten oder recherchierten Rohdaten, die ersten Versuche und groben Skizzen, die finale Vorlage vom Transformierer und die fertige Tafel. Für die Arbeiten, die nach 1941 entstanden sind, können diese Materialien zum Teil im Archiv in Reading gefunden werden. Für die jetzige Auseinandersetzung ist es vielleicht sogar ausreichend, die Ergebnisse, also die fertigen Tafeln zu betrachten, mit etwas Hilfe der Gedanken der Haupt-Transformiererin Marie Neurath.[3]

[3] Vieles aus diesem Kapitel wurde aus einer Veröffentlichung von Robin Kinross aus dem Jahr 1982 gewonnen. Dieser Artikel integrierte Kommentare von Marie Neurath: «Isotype: die Aufgabe der Transformation», in: F. Stadler (Hrsg.), *Arbeiterbildung in der Zwischenkriegszeit*, Wien: Löcker Verlag, 1982, S. 189–197.

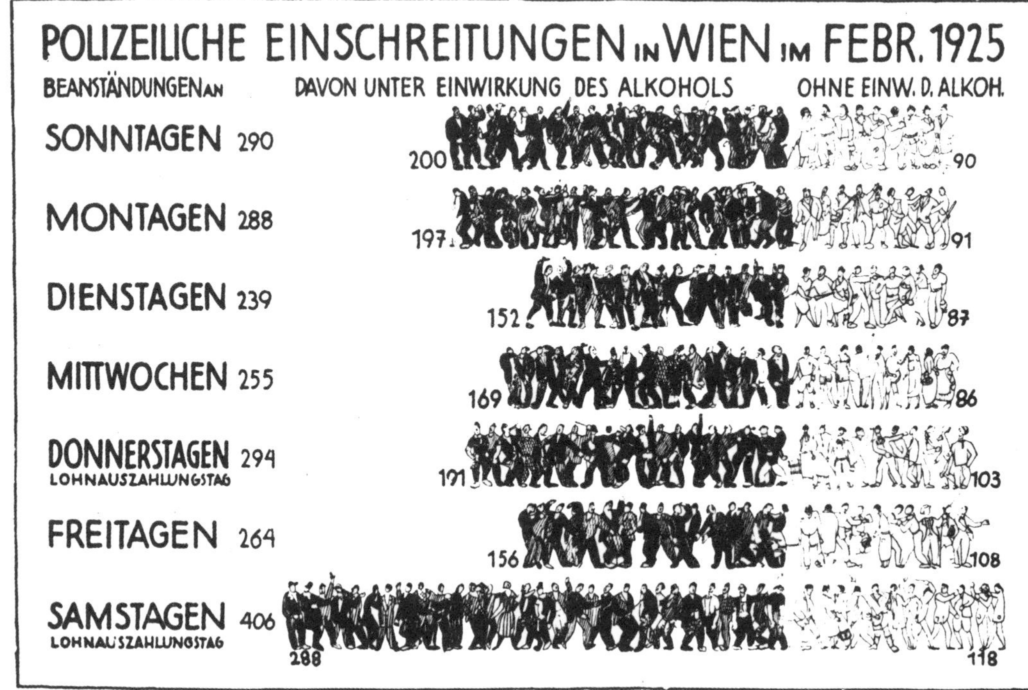

2.01 Frühe Tafel «Polizeiliche Einschreitungen in Wien im Februar 1925» (ÖGZ, 15.5.1926)

Eine frühe Tafel

2.01 Diese Tafel vom Jahr 1925 gehört zu den ersten Produkten des Gesellschafts- und Wirtschaftsmuseums in Wien (GEWIMU), und sie ist oft angeführt worden, um zu zeigen, wie primitiv die frühen Anfänge von Isotype waren. Die erste veröffentlichte Kritik der Tafel stammt von Otto Neurath selbst. In einem Artikel in der Österreichischen Gemeinde Zeitung schrieb er: «Diese Art der Belebung lenkt von dem eigentlichen Thema der Tafel ab: Man interessiert sich mehr für die individuellen Gebärden als für die statistischen Verhältnisse. Da man die einzelnen Arten der Ausschreitungen nicht kennt, sagt man mehr aus als man weiß. Wenn man nichts anderes weiß als: Ausschreitungen unter Einwirkung des Alkohols, so muss man eben dafür eine Type schaffen und diese so oft wiederholen, als es die statistischen Zahlen verlangen. Es war zunächst eine gewisse Scheu vor der Wiederholung zu überwinden.»[4] Und man könnte hinzufügen, dass es auch ein Zeichen von «Scheu» ist, dass die exakten Ziffern neben die bildliche Darstellung gesetzt werden; dieser Brauch wurde bald aufgegeben.

Man kann gewiss Einwände gegen die Symbole dieser Tafel machen, und es ist charakteristisch für Neuraths wesentlich kritische Haltung, dass er der erste war, der sie machte. Aber was die wichtigere Angelegenheit der Transformation betrifft, so finden sich da Anzeichen von einer merkwürdig fortgeschrittenen Behandlung.

Außerdem ist bereits hier, in einer der ersten Tafeln, die Anordnung um eine Achse verwendet (vielleicht angeregt

[4] Otto Neurath, «Schwarzweissgraphic», ÖGZ, Jg. 3, Nr. 10, 15. Mai 1926 (GBS, S. 51)

durch grafische Darstellungen des Bevölkerungsaufbaus, siehe 1.08); Achsen blieben danach bei der Isotype-Arbeit in regelmäßiger Verwendung. Man hätte einfache Reihen bilden können, die von einer vertikalen Linie links ausgehen. Die Anordnung um eine Achse ermöglicht, dass man Vergleiche innerhalb der beiden Gruppen – unter Einfluss von Alkohol oder nicht – und zwischen ihnen machen kann.

Auf einen weiteren Aspekt der Anordnung sollte hingewiesen werden. Die Reihen sind in einer «natürlichen» Reihenfolge angeordnet: nicht nach der Größe, sondern wie die Tage der Woche aufeinander folgen. Die Information kann so besser «für sich selbst sprechen» – obgleich dem Beschauer eine besondere Deutung suggeriert wird durch die Notiz, dass donnerstags und samstags Löhne ausgezahlt werden. Der Grundsatz, eine Anordnung zu finden, die (zwanglos) ermöglicht, dass das Bedeutsame visuell hervortritt, wirkt sich überall in den Isotype-Arbeiten aus.

[MN schreibt:] *Ich freue mich, dies frühe Zitat von 1926 wieder zu lesen – ich hatte es vergessen. In den Anfangsjahren war Neuraths Selbstkritik wohl das einzige, das zur Weiterentwicklung führte. Bei der Unordentlichkeit, die hier in der Natur des Gegenstandes liegt, kann man die Abzählbarkeit der Figuren schwer bemerken. Als in späteren Tafeln die Symbole fein säuberlich nebeneinander standen, fand man, das sehe militärisch aus. Darauf war wenig zu sagen, es musste wohl in Kauf genommen werden.*

Ja, die Anordnung nach Größe schafft eine langweilige Gleichartigkeit der Tafeln: nichts als abnehmende Mengen. Auch wird dabei das Hauptinteresse vom Bilde zum Text gedrängt. Aber hätte unsere Entscheidung, die Anordnung durch allgemeine Regeln, und nicht durch den Inhalt der Tafel selbst zu bestimmen, nicht besser mit einem anderen Beispiel erklärt werden können, z.B. mit einer Tafel, in der die geografisch bestimmte Reihenfolge der Länder angewendet wird? Mir ist kein Beispiel bekannt, in dem die Zeitfolge der Größenfolge geopfert wurde (bei Isotype nicht, und bei anderen auch nicht).

Tafeln zu Geburten und Todesfällen

Im ersten Kapitel beschreibt Marie Neurath die Ausarbeitung einiger Isotype-Prinzipien (siehe Seite 22). Die Änderungen in der Herangehensweise werden in der fortschreitenden Entwicklung der Tafeln über Geburten und Todesfälle deutlich. Die Tafeln zeigen zum Beispiel die Aufnahme der Idee, die Anordnung konventionellen westlichen Lesemustern anzupassen: von links nach rechts und von oben nach unten.

2.02 Tafel 2.02, die anscheinend vollkommen handgezeichnet ist, muss aus dem ersten Arbeitsjahr 1925 stammen. Die Tafel ist zweigeteilt: oben zeigt sie alle Informationen, unten wird das Ergebnis direkt beschrieben («daher mehr Geburten oder mehr Sterbefälle»). Obwohl die Symbole eine bestimmte Menge repräsentieren, werden genaue Zahlen ebenfalls genannt.

2.03 Veröffentlicht 1925, zeigt die Variante 2.03 einen eher didaktischen Ansatz. Ein Kommentar zur Information ist oberhalb der Grafik eingebaut, und die überschüssigen Geburten und Todesfälle werden durch einen Kasten hervorgehoben.

2.04 Tafel 2.04 hebt die Überschüsse in Geburten und Todesfällen ebenfalls hervor, aber diesmal subtiler als in der vorherigen Tafel. Grabsteine haben Särge ersetzt. Wie Marie Neurath erklärte (siehe Seite 22, Kapitel 1), wird so der Kritik, dass die Särge so groß wie Babys waren, entgegengewirkt.

2.05 Tafel 2.05 verzichtet auf die Hervorhebung der Überschüsse: Die Betrachter sollen sie selber entdecken. Die Symbole für beide Kategorien wurden verbessert.

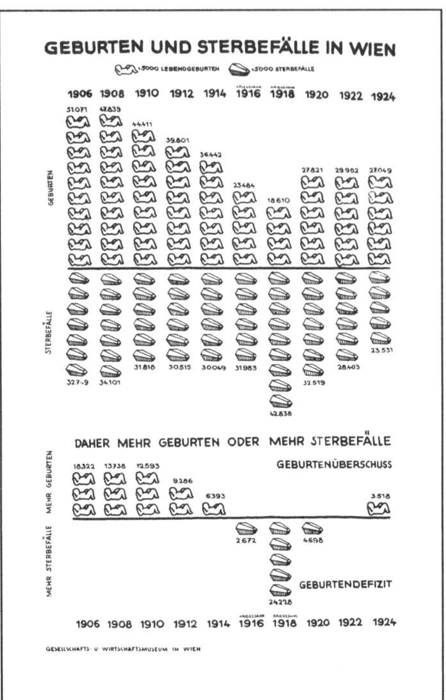
GEBURTEN UND STERBEFÄLLE IN WIEN
=5000 LEBENDGEBURTEN
=5000 STERBEFÄLLE
1906 1908 1910 1912 1914 1916 1918 1920 1922 1924
GEBURTEN
51.071 47.839 44.411 39.801 36.442 23.484 18.610 27.821 29.982 27.049
STERBEFÄLLE
31.818 30.515 30.049 31.983 28.403 23.531 34.101 32.519 42.838
DAHER MEHR GEBURTEN ODER MEHR STERBEFÄLLE
GEBURTENÜBERSCHUSS
MEHR GEBURTEN
18322 13738 12593 9286 6393 3.518
MEHR STERBEFÄLLE
2.672 4.698 24.228
GEBURTENDEFIZIT
1906 1908 1910 1912 1914 1916 1918 1920 1922 1924
GESELLSCHAFTS- U. WIRTSCHAFTSMUSEUM IN WIEN

110

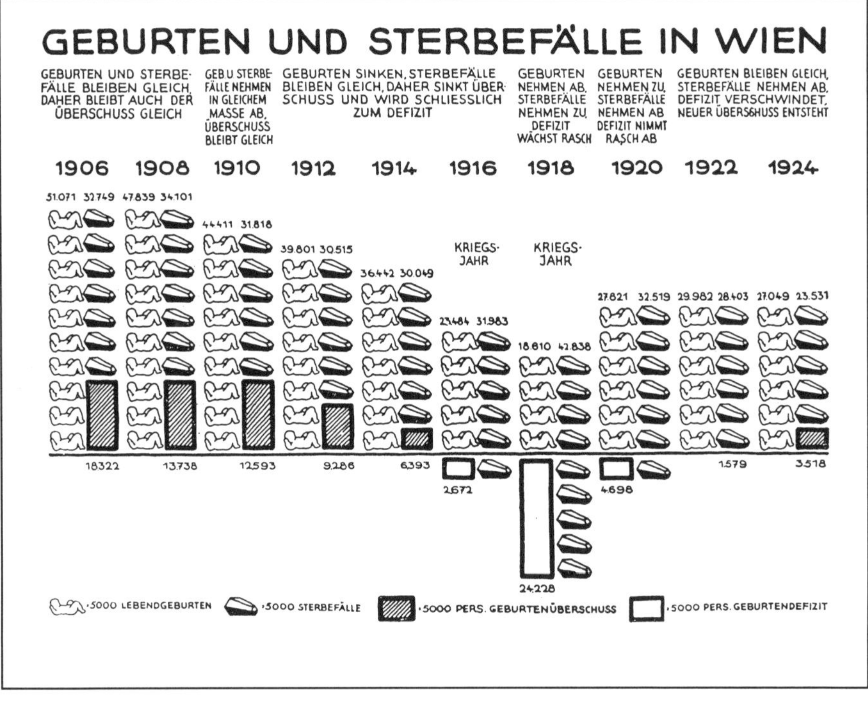
GEBURTEN UND STERBEFÄLLE IN WIEN
GEBURTEN UND STERBEFÄLLE BLEIBEN GLEICH, DAHER BLEIBT AUCH DER ÜBERSCHUSS GLEICH
GEB. U. STERBEFÄLLE NEHMEN IN GLEICHEM MASSE AB, ÜBERSCHUSS BLEIBT GLEICH
GEBURTEN SINKEN, STERBEFÄLLE BLEIBEN GLEICH, DAHER SINKT ÜBERSCHUSS UND WIRD SCHLIESSLICH ZUM DEFIZIT
GEBURTEN NEHMEN AB, STERBEFÄLLE NEHMEN ZU, DEFIZIT WÄCHST RASCH
GEBURTEN NEHMEN ZU, STERBEFÄLLE NEHMEN AB, DEFIZIT NIMMT RASCH AB
GEBURTEN BLEIBEN GLEICH, STERBEFÄLLE NEHMEN AB, DEFIZIT VERSCHWINDET, NEUER ÜBERSCHUSS ENTSTEHT
1906 1908 1910 1912 1914 1916 1918 1920 1922 1924
51.071 32.749 47.839 34.101 44.411 31.818 39.801 30.515 36.442 30.049
KRIEGS-JAHR
KRIEGS-JAHR
23.484 31.983 18.610 42.838 27.821 32.519 29.982 28.403 27.049 23.531
18322 13.738 12593 9.286 6393 1.579 3.518
2.672 4.698
24.228
=5000 LEBENDGEBURTEN
=5000 STERBEFÄLLE
=5000 PERS. GEBURTENÜBERSCHUSS
=5000 PERS. GEBURTENDEFIZIT

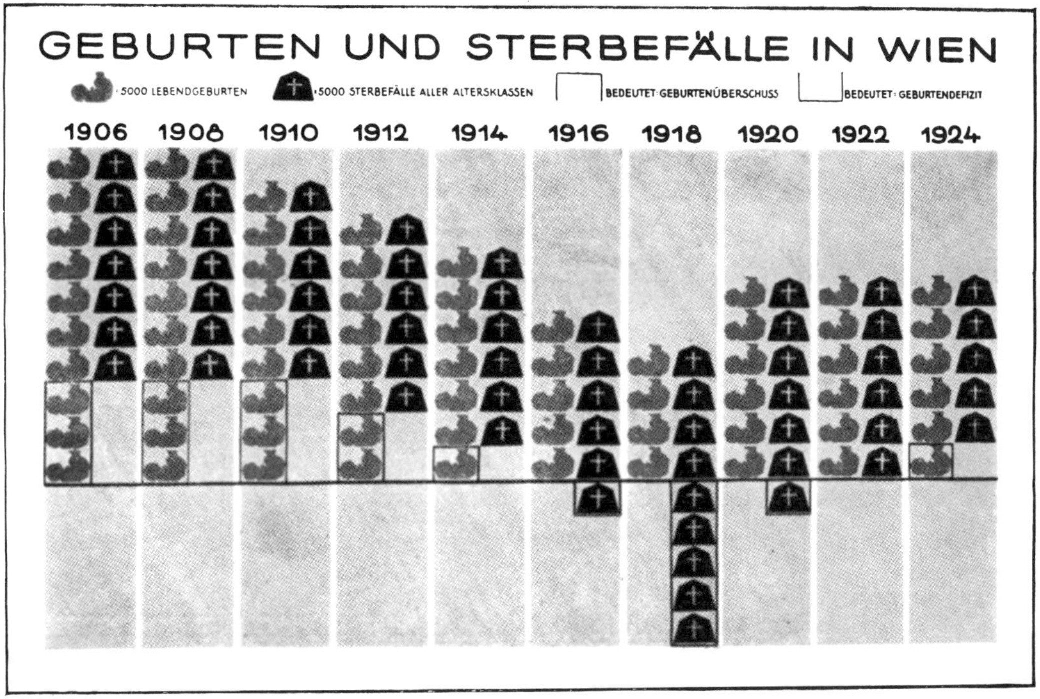

GEBURTEN UND STERBEFÄLLE IN WIEN

= 5000 LEBENDGEBURTEN = 5000 STERBEFÄLLE ALLER ALTERSKLASSEN BEDEUTET: GEBURTENÜBERSCHUSS BEDEUTET: GEBURTENDEFIZIT

1906 1908 1910 1912 1914 1916 1918 1920 1922 1924

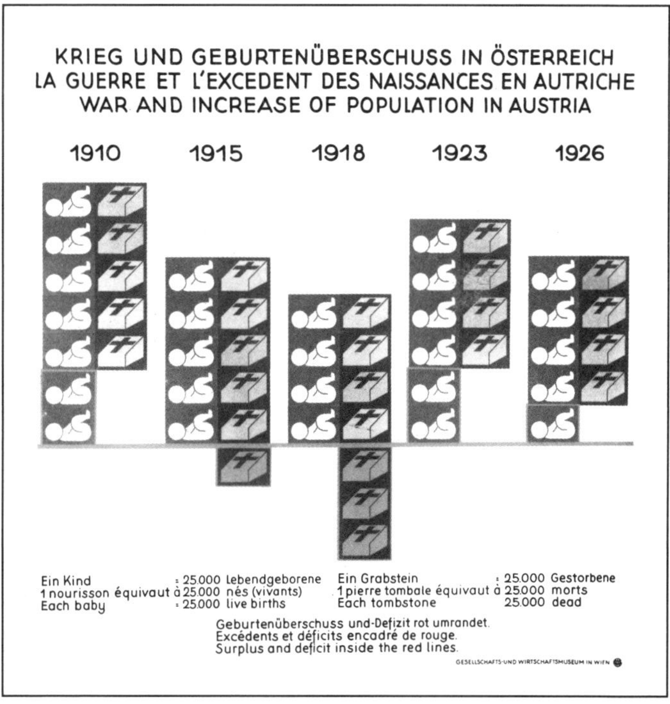

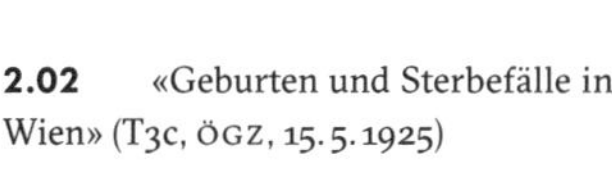

2.02 «Geburten und Sterbefälle in Wien» (T3c, ÖGZ, 15.5.1925)

2.03 «Geburten und Sterbefälle in Wien» (ÖGZ, 15.8.1926)

2.04 «Geburten und Sterbefälle in Wien» (T3f, ÖGZ, 15.5.1926)

2.05 «Krieg und Geburtenüberschuss in Österreich» (T3d)

Um die Regel «von oben nach unten, von links nach rechts» zu nutzen, die maßgeblich in Isotype-Arbeiten wurde, ist das Layout nun anders. Diese Symbole, und vielleicht die 2.06
aus der Tafel zuvor, wurden von Gerd Arntz gestaltet.

Diese Reihenfolge von Tafeln ist typisch für die Entwicklung der Arbeiten in den ersten Jahren. Das Kernprinzip der Wiederholung von Einheiten statt der Vergrößerung von Einheiten ist von Anfang (1925) an da. Allerdings folgt ein stetiger, selbstkritischer Prozess des Experimentierens und der Variation: in den Layout-Prinzipien, genauer in der Symbolentwicklung, und insbesondere bei den Randaspekten wie dem Umgang mit Titeln und Erklärungen zur Bedeutung der Grafik.

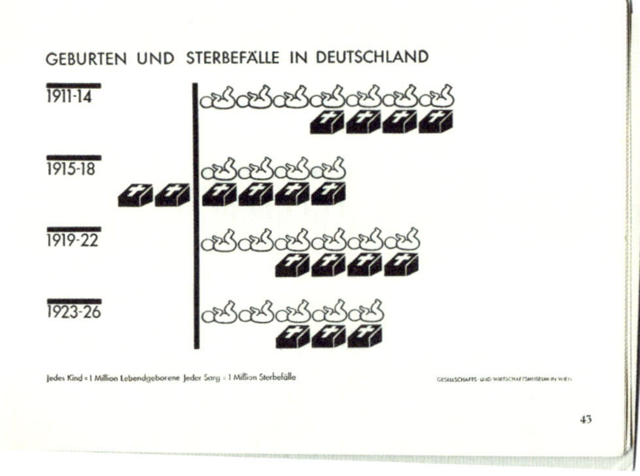

2.06 «Geburten und Sterbefälle in Deutschland» (DBW, S. 43)

Tafeln zu Arbeitslosigkeit

Diese Tafeln wurden wohl für die Ausstellung im Gesundheitshaus in Berlin-Kreuzberg, basierend auf der Vereinbarung zwischen dem GEWIMU und dem Bezirksbürgermeister, gemacht (für Marie Neuraths Beschreibung siehe Seite 59, Kapitel 1). Aufgrund der letzten Daten, die sie zeigen, kann man die Herstellung der Tafeln selbst datieren: 1929, 1931 und 1932. Da sie ganz genau datiert werden können und denselben Gegenstand behandeln, bieten sie nützliche Anhaltspunkte beim Erforschen der Entwicklung von Isotype in den Jahren, die vielleicht die der ersten Reife genannt werden können. Allerdings muss gesagt werden, dass sie, mit nur einer einzigen Variante, weniger interessant sind als die (für Isotype charakteristischeren) Vergleiche von zwei oder mehr veränderlichen Elementen. (Die dritte Tafel der Serie führt eine Unterteilung der Arbeitslosen ein, die aber in schwarz-weiß nicht erkennbar ist.)

2.07 Die erste Tafel dieser Serie ist eine der frühesten mit dem Symbol für Arbeitslose, das ein Standard-Isotype-Symbol blieb. Sie gehört auch zu den ersten Tafeln, in denen die Symbole in leicht zählbare Gruppen geteilt sind. Dieser Brauch wurde erst möglich mit «typografischen» Gestaltungen der Symbole: Sie mussten wiederholt, kombiniert, geteilt werden können und im Gleichgewicht miteinander stehen, in einer visuell befriedigenden Weise. Die Ausarbeitung wurde ernstlich in Angriff genommen, als Ende 1928 Gerd Arntz Mitarbeiter beim GEWIMU wurde. Was Arntz beitrug, war die Verwirklichung von dem zu ermöglichen, was

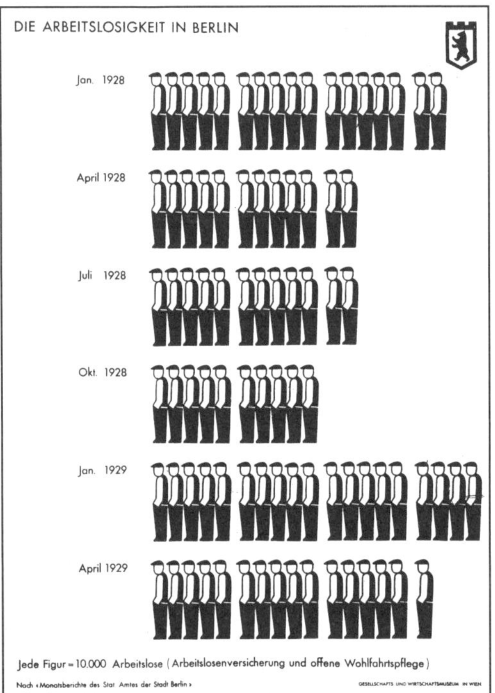
DIE ARBEITSLOSIGKEIT IN BERLIN
Jan. 1928
April 1928
Juli 1928
Okt. 1928
Jan. 1929
April 1929
Jede Figur = 10.000 Arbeitslose (Arbeitslosenversicherung und offene Wohlfahrtspflege)
Nach «Monatsberichte des Stat. Amtes der Stadt Berlin»
GESELLSCHAFTS UND WIRTSCHAFTSMUSEUM IN WIEN

114

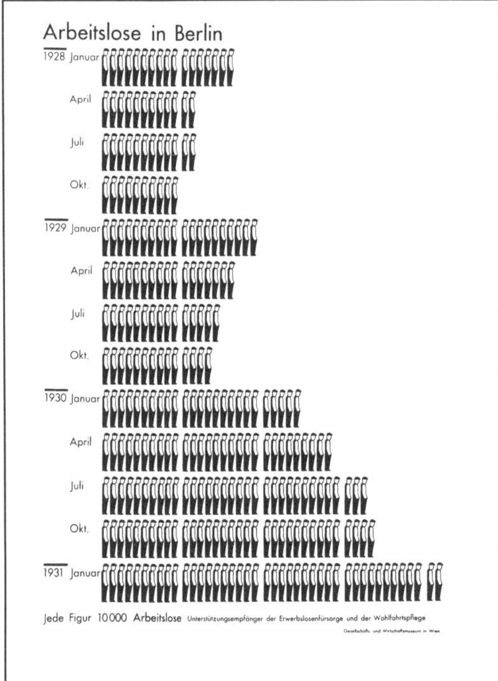
Arbeitslose in Berlin
1928 Januar
April
Juli
Okt.
1929 Januar
April
Juli
Okt.
1930 Januar
April
Juli
Okt.
1931 Januar
Jede Figur 10.000 Arbeitslose
Unterstützungsempfänger der Erwerbslosenfürsorge und der Wohlfahrtspflege
Gesellschafts- und Wirtschaftsmuseum in Wien

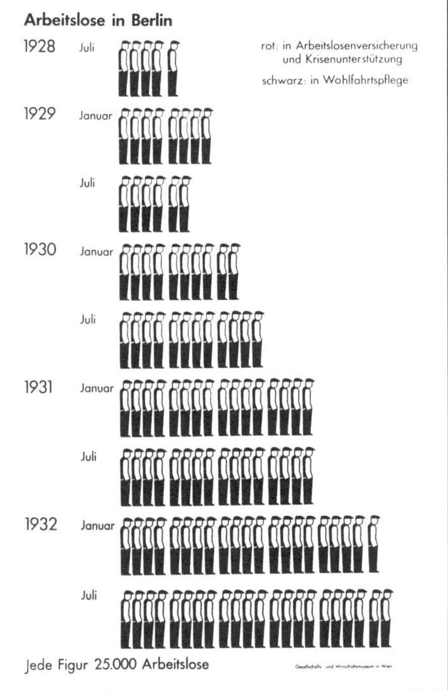
Arbeitslose in Berlin
rot: in Arbeitslosenversicherung und Krisenunterstützung
schwarz: in Wohlfahrtspflege
1928 Juli
1929 Januar
Juli
1930 Januar
Juli
1931 Januar
Juli
1932 Januar
Juli
Jede Figur 25.000 Arbeitslose
Gesellschafts- und Wirtschaftsmuseum in Wien

offensichtlich bereits angestrebt, aber nur unvollkommen erreicht war.

2.08 In dem zweiten Beispiel ist die Anzahl der Arbeitslosen und der Symbole viel größer, und die Tafel selber muss von einem größeren Format gewesen sein als die erste. Die Gruppen bestehen nun aus zehn Symbolen; Fünfergruppen würden diese langen Reihen zu oft unterbrochen haben.

2.09 Dieses Problem wurde noch ernster bei der dritten «Ausgabe» dieser Tafel – zur Lösung wurde die Einheit der Darstellung geändert. Angesichts der neuen Einheit 1:25 000, sind die Symbole nun zu viert gruppiert (Gruppen von fünf oder zehn wären hier nicht sinnvoll). Die Lücke zwischen den Gruppen erscheint, wenigstens bei diesem Grad der Verkleinerung, ein wenig zu eng: Sie ist nicht «entschieden» genug im Vergleich mit dem Normalabstand der Symbole. Die Korrektur wäre eine Sache von Millimetern. Feine visuelle Entscheidungen dieser Art gibt es bei jeder Tafel: Kein System, keine Methode, kann sie ein für allemal erledigen.

Vom Standpunkt des Entwurfs oder der Transformation ist wohl am interessantesten an diesen drei Tafeln, dass die Richtung, in die die Figuren blicken, entschieden werden musste. Die Begründung für die nach links blickenden Figuren der ersten Tafel würde sein, dass alle, die in jeder neuen Reihe die «Schlange» verlängern, sich am Ende anstellen, wie in Wirklichkeit. In der zweiten und dritten Tafel wurde diese Idee fallen gelassen zugunsten der üblichen Regel, dass die Symbole der Leserichtung folgen – von links nach rechts. Beide Möglichkeiten halten sich hier offensichtlich die Waage, es lassen sich gute Gründe für jede von ihnen geben; es ist keine Angelegenheit von einfacher Regelbefolgung.

Zugunsten der nach links blickenden Symbole der ersten Tafel könnte man überdies sagen, dass, obgleich dies der normalen Leserichtung «entgegenläuft», dies doch dem Gegenstand angepasst ist: Denn Arbeitslosigkeit ist eine perverse, negative Erscheinung.

Diese Tafelserie liefert übrigens auch Beispiele für die Verfeinerung, die bei der Gestaltung der Tafel, wenn auch mehr am Rande, eingeführt wurde. Die Titel wurden erst in Großbuchstaben, dann in Groß- und Kleinbuchstaben ge-

2.07 «Die Arbeitslosigkeit in Berlin» (T104a)

2.08, 2.09 «Arbeitslose in Berlin» (T104b/T8006)

druckt; erst in mittleren, dann in fetten Typen. Bei der typografischen Behandlung der Jahre und Monate an der linken Seite der Tafel ist zunehmende Sorgfalt zu bemerken.

> [MN:] *Ich muss zugeben, dass mich die Blickrichtung der Arbeitslosen nur wenig berührt, auf die Verständlichkeit der Tafel hat sie kaum Einfluss. Wir schwankten ebenso bei den Tafeln «Geburt und Tod»: Sollte der Überschuss von Sterbefällen über Geburten links oder rechts von der Achse gezeigt werden? Ich weiß, was ich persönlich vorziehe; aber meine Argumente sind so schwach, dass sie gelegentlich überstimmt werden können.*
>
> *Was mir an diesen Tafeln über Arbeitslosigkeit von größerem Belang erscheint, ist ihre Aussage, dass die Saisonschwankungen in der allgemeinen Krise verschwinden. Dies kommt am stärksten in der Tafel T104b heraus, ich bedaure, dass wir, wahrscheinlich aus Platzgründen, in T800 die Reihe für Januar 1928 weggelassen haben.*

Tafeln zu Landwirtschaft und Gewerbe

Die hier abgebildeten und besprochenen Tafeln stammen aus dem Jahr 1930; sie sind die letzten Versionen der Darstellungen dieser Gegenstände, die, seitdem sie 1927 zum ersten Mal veröffentlicht wurden, immer wieder behandelt und modifiziert wurden. Sie wurden als ein Paar zusammen gezeigt und reproduziert.

2.10 Bei «Betriebsgrössen in der Landwirtschaft 1925» wurde, nach Neuraths Formulierung, die «Schachbrett»-Anordnung verwendet: Was gezeigt wird, ist die landwirtschaftliche Fläche (Deutschlands), unterteilt nach verschiedenen Betriebssystemen. Jedes Einzelquadrat stellt eine bestimmte Fläche dar (1 Million ha) und nicht eine Prozentzahl. Wie immer bei Isotype (und das ist charakteristisch für Neuraths ganze Arbeit) wird die Information in der konkretesten und direktesten Art gegeben: Abstrakte Einheiten (wie Prozente) werden vermieden. Andere, die Bildstatistiken gemacht haben, scheinen in diesem Punkt weniger empfindlich zu sein: Man findet oft ganz klare und konkrete Bilder, die sich dann als Darstellungen mathematischer Hilfskonstruktionen entpuppen.

Obgleich diese Tafel irgendwie definitiv aussieht, so ergibt sich doch die Schachbrettanordnung, wenn man es sich überlegt, nicht von selbst. Die Einheit für die Darstellung musste gewählt werden: Es war ein Glücksfall, dass die einfache Einheit 1 : 1 Million ha möglich war und insgesamt 25 Einheiten ergab, die, in der Anordnung 5 × 5, zusammen ein Quadrat formen. Was als selbstverständliche Regel für

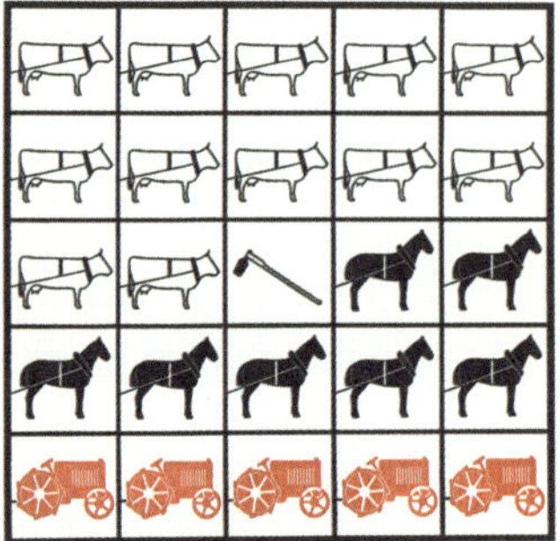

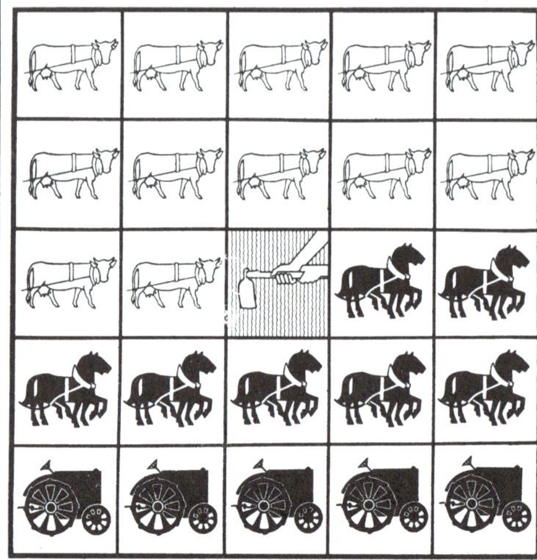

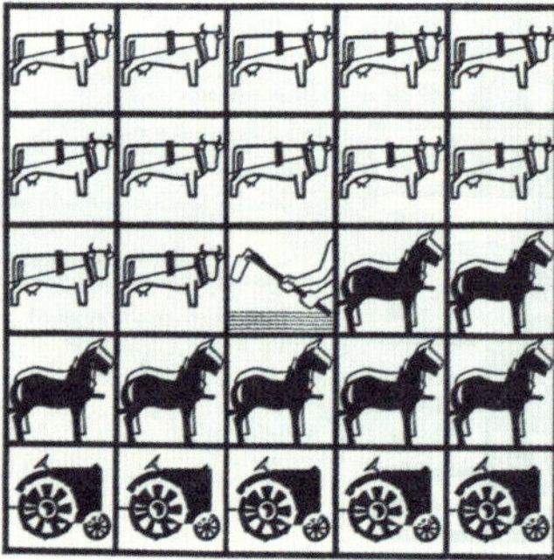

2.10 «Betriebsgrössen in der Landwirtschaft 1925» (Quelle für 1.31)

2.11 «Betriebsgrössen in der Landwirtschaft 1925» (T64h)

2.12 «Betriebsgrössen in der Landwirtschaft 1925» (DBW, S. 36)

2.13 «Die Beschäftigten in den Gewerbebetrieben des Deutschen Reiches» (T64f)

Die Beschäftigten in den Gewerbebetrieben des Deutschen Reiches

1882

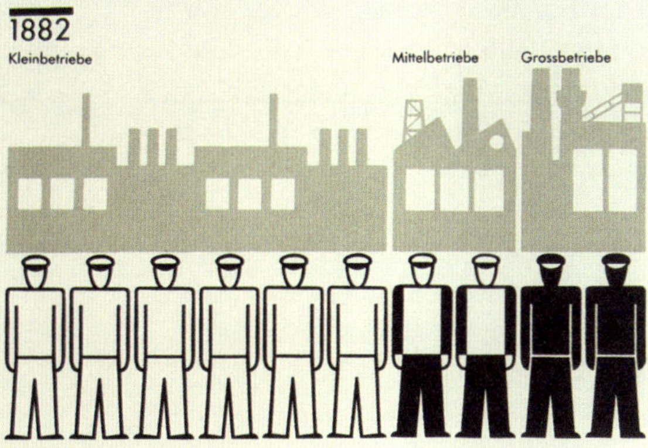

1925

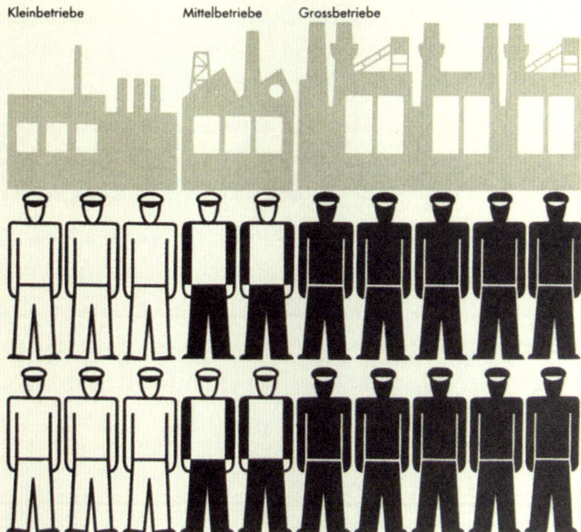

Kleinbetriebe: bis 5 Beschäftigte
Mittelbetriebe: 6 bis 50 Beschäftigte
Grossbetriebe: 51 Beschäftigte und mehr

Jede Figur 1 Million Beschäftigte

Die Gesamtmengen sind auf 10 Millionen abgerundet, die Untergruppen auf 10 Prozent

Angefertigt für das Bibliographische Institut AG., Leipzig
Gesellschafts- und Wirtschaftsmuseum in Wien ©

die Reihenfolge der Einheitsquadrate erscheinen mag (angefangen von der kleinsten Besitzgröße bis zur größten), wurde aber nicht befolgt. Stattdessen wurde das Material in zwei gleich große Hauptgruppen geteilt, und dem übrig bleibenden, besonderen Einheitsquadrat wurde die (übrig bleibende) zentrale Stelle gegeben. Dies hat die Wirkung, dass der «Rest» visuelle Wichtigkeit bekommt. Vielleicht lässt sich dies nur rechtfertigen, wenn es wirklich die Absicht ist (wie visuell angedeutet), die Parzellenbetriebe nicht nur als die kleinste, sondern vielmehr als eine einzigartige Kategorie anzusehen, die besondere Beachtung verdient.

Die Zeichnung der Symbole spielt bei dieser Sache mit. Kuh, Pferd und Traktor sind ungefähr von gleichem visuellen Gewicht. Aber diese Gleichwertigkeit ist absichtlich gestört, indem die Kuh im Umriss, die Symbole der größeren Betriebe vollschwarz gezeichnet sind. Die Hacke unterscheidet sich sehr von diesen anderen Symbolen, durch das viel geringere visuelle Gewicht und durch die auffallende diagonale Lage. Es scheint klar, dass die Sondergruppe der Parzellenbetriebe durch dies bezeichnende Symbol und auch durch die besondere Lage als eine Ausnahme unterschieden werden sollte.

Es ist interessant, frühere Versionen dieser Tafel anzuschauen. Diese wurden 1927 und 1929 veröffentlicht, die finale Version um 1930.[5] Offensichtlich konnte die Konfiguration des Materials nicht verbessert werden. Die Zeichnung der Symbole zeigt allerdings einen steten Prozess der Verfeinerung und intelligenter Vereinfachung. Hierbei ist die Veränderung des Hackensymbols am deutlichsten, besonders die Änderungen der Hintergründe. In jedem Fall werden sie besonders hervorgehoben.

2.11 2.12

«Die Beschäftigten in den Gewerbebetrieben des Deutschen Reiches» bringt einen Vergleich zwischen den Daten für zwei verschiedene Jahre. (Man fragt sich, warum ein solcher Vergleich nicht auch im Falle der Landwirtschaft gemacht wurde.) «Führungsbilder» werden hier gebraucht, um die drei Kategorien Klein-, Mittel- und Großbetrieb zu unterscheiden. Diese Führungsbilder waren ein oft gebrauchtes Hilfsmittel in Isotype-Tafeln.

2.13

Das Interessanteste bei der Transformation dieser Tafeln liegt in der Anordnung der Symbole, sodass Vergleiche

[5] Stilistisch passt diese letzte Version von «Betriebsgrössen in der Landwirtschaft 1925» in das Buch *Gesellschaft und Wirtschaft* von 1930. Jedoch wurde nicht sie, wohl aber die Partnertafel «Die Beschäftigten in den Gewerbebetrieben des Deutschen Reiches» darin veröffentlicht.

innerhalb jeder Gruppe und zwischen den beiden Gruppen gemacht werden können. Die «Achse» ist als Anordnungsprinzip verwendet; dies bedeutet, dass die Symbole der linken und rechten Kategorien in den beiden Gruppen von derselben Achse ausgehen. Die zweite Gruppe besteht aus 20 Einheiten, die, glücklicherweise, zwei Reihen von je zehn bilden können, mit ihrer richtigen Unterteilung und Anordnung. In diesen beiden Tafeln hat das Material gefällige Form angenommen; und von Prozentzahlen wurde kein Gebrauch gemacht, nicht wahr?

[MN:] *Es hat mich gewundert zu lesen, dass die Parzellenbetriebe so wichtig erscheinen. Wenn ich mich recht erinnere, war dies nicht beabsichtigt. Für die Transformation war diese Einer-Gruppe sehr willkommen als Lückenbüßer; wir mussten ja trachten, Reihen von je fünf Einheiten zu bilden, damit wir die erstrebte geschlossene, hier sogar quadratische, Form bekommen. Ein Glück dabei war, dass es eine Untergruppe von fünf Einheiten gab.*

Wir hätten ja den Wunsch haben können, die Parzellenbetriebe, die nur der Selbstversorgung dienen, abzusondern. Dann hätten wir für die anderen Betriebe vier Sechserreihen bekommen, mit den erwähnten zwei Hälften, und dem Einzelquadrat der Parzellen oben angesetzt. Dabei wäre die Reihenfolge von kleinerer zu größerer Betriebsform erhalten geblieben. Bei der quadratischen Anordnung mussten wir uns dafür ausschließlich auf das zunehmende Gewicht der Signaturen verlassen. Dabei wurde dann das Hackensymbol in der Mitte wirklich recht auffallend.

Glück spielt oft eine Rolle; in der Industrietafel haben wir ihm nachgeholfen. Das Glück war, dass es 1925 20 Millionen Beschäftigte gab; wir suchten dann nach dem Jahr, in dem es 10 Millionen gab. Die Anordnung in Zehnerreihen lässt die Verdoppelung leicht erkennen, aber gleichzeitig die relativen Verteilungen – die Prozente; man sieht z. B., dass die Beschäftigten in Kleinbetrieben gleich geblieben, aber davon von sechs pro zehn zu drei pro zehn gefallen sind. Der wirkliche Glücksfall dieser Tafel ist, dass die Mittelgruppe sich mit der Gesamtzahl verdoppelt und daher prozentuell gleich bleibt; so gibt

KLEIN-, MITTEL- UND GROSSBETRIEBE IM GEWERBE DEUTSCHLANDS NACH ZAHL DER BESCHÄFTIGTEN

1882

1907

1925

Klein- Mittel- Grossbetriebe

Jede Figur = ½ Mill. Beschäftigte Abrundung d. Gesamtmenge auf volle 10 Mill. d. Betriebsgrössen auf volle 10%

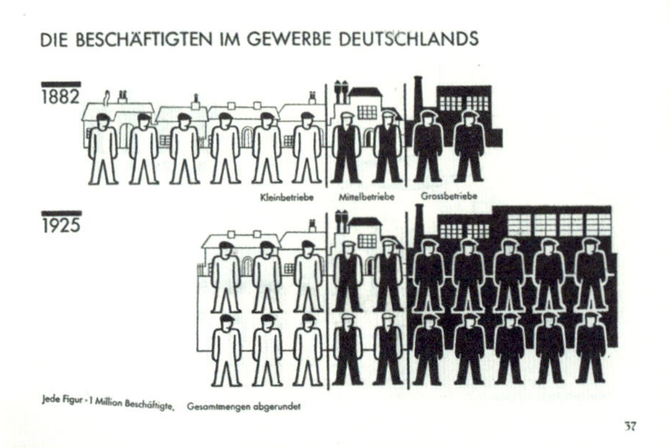

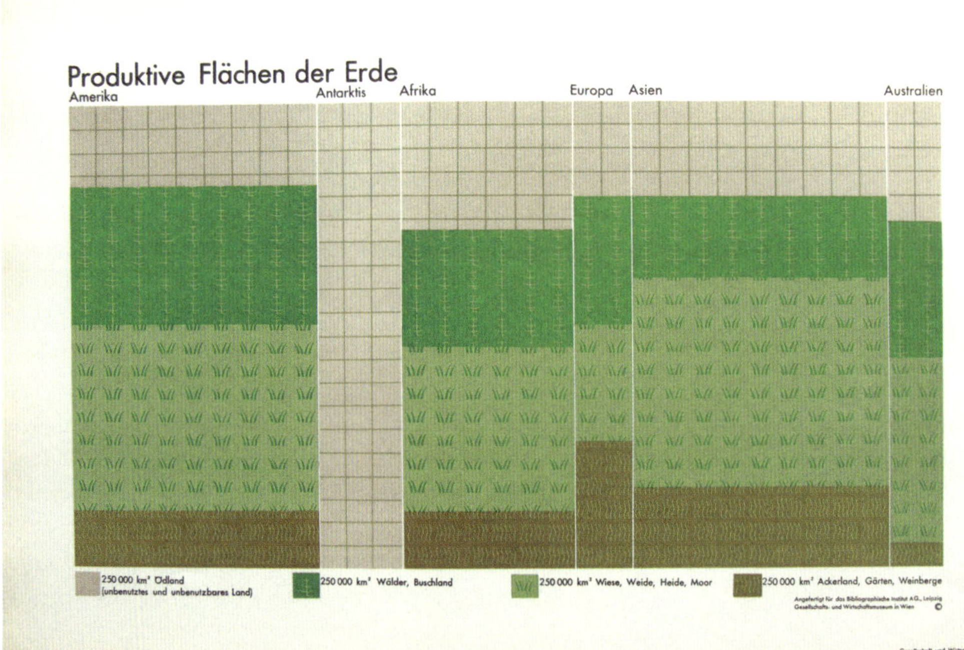

es zwei geradlinig durchlaufende Achsen, und die Verschiebung der beiden Achsengruppen wird klar sichtbar.

2.14 Ein Blick auf eine frühere Version dieser Tafel ist von Wert, weil sie die Herangehensweise verdeutlicht. Diese Tafel wurde (zusammen mit 2.11) in einem Heft 1928 veröffentlicht, *Die Entwicklung von Landwirtschaft und Gewerbe in Deutschland*. In dieser Version steht jedes Symbol für 500 000 Beschäftigte; also gibt es die doppelte Menge an Symbolen im Verhältnis zu der späteren Tafel (wo jedes Symbol für 1 Million Beschäftigte steht). Außerdem beinhaltet die Tafel Zahlen für das Jahr 1907, den Mittelwert der Entwicklung. Später wurden diese zugunsten der Klarheit und Überzeugungskraft weggelassen.
2.15 Eine weitere Version, 1929 veröffentlicht, zeigt das endgültige Layout. Die Entwicklung von der Tafel aus dem Jahr 1929 zu der 1930-Tafel ist erkennbar in den Symbolen und in den
2.13 sogenannten «Führungsbildern», die ihre Rolle vom Hintergrundbild hin zur Überschrift wechseln.

[MN:] *Bei der Landwirtschaftstafel wäre ein zeitlicher Vergleich wohl weniger angebracht; die Gesamtfläche ist mehr oder minder gleich geblieben, und in der Unterteilung gab es wohl kaum eine bemerkenswerte Änderung.*

Es gibt viele Isotype-Tafeln mit Prozentziffern; z.B. Darstellungen der Säuglingssterblichkeit; aber wir haben, ganz konkret, die Sterbefälle und dazu die 100 Säuglinge als Gruppe dahinter gezeigt; auch gibt es eine Reihe von Tafeln, in denen absolute und prozentuelle Ziffern kombiniert erscheinen: Stadt- und Landbevölkerung, zu verschiedenen Zeiten oder in verschiedenen Ländern; Welt-
2.16 *reiche; Bodennutzung. Bei der Bodennutzung z.B. gibt die prozentuelle Verteilung den Charakter der Landschaft an, und die absoluten Größen erlauben uns Vergleich und Zusammenlegung von Ackerland, Waldland usw. Aber in diesen Tafeln haben wir als Zeichenerklärung die absoluten Einheiten angegeben. Wir brauchen von den Prozenten gar nicht zu reden; wir können sie konkret zeigen.*

2.14 «Klein-, Mittel- und Großbetriebe im Gewerbe Deutschlands» (T64a)

2.15 «Die Beschäftigten im Gewerbe Deutschlands» (DBW, S. 37)

2.16 «Produktive Flächen der Erde» (GUW, Tafel 35)

3

Von Isotype lernen

Robin Kinross

[1] Der erste Teil dieses Kapitels wurde aus meiner Einführung zu GBS gewonnen; der zweite Teil wurde aus meinem Artikel «On the influence of Isotype» entwickelt, *Information Design Journal*, Vol. 2, № 2, 1981, S. 122–130; der dritte Teil wurde für dieses Buch geschrieben.

[2] «From hieroglyphics to Isotype», *Future Books*, Vol. 3, 1946, S. 93–100 (GBS, S. 636–645)

Isotype im Kontext visueller Traditionen

Isotype kann in zwei visuellen Traditionen verortet werden.[1] Zum einen innerhalb der Entwicklung der grafischen Präsentation von Statistik, einer Tradition, die im späten 18. Jahrhundert startete und deren Blütezeit im 19. Jahrhundert begann. Zum anderen steht Isotype in der sehr langen Tradition der Kommunikation von Information für alle möglichen säkularen und erzieherischen Zwecke durch Bilder, Diagramme, Karten und andere visuelle Mittel. Nicht nur reicht dies zurück bis in die Antike, diese größere Tradition der visuellen Kommunikation umfasst die menschliche Kultur. Während die grafische Statistik größtenteils ein nordamerikanisches und europäisches Phänomen ist, sah Neurath selber Isotype in der Tradition der visuellen Kommunikation der Menschheitsgeschichte, wie seine «visual autobiography» (im Text veröffentlicht als «From hieroglyphics to Isotype») deutlich zeigt.[2]

Ein großer Teil der Geschichte dieser beiden Traditionen bleibt noch zu entdecken. Aus der Entwicklung der grafischen Statistik kennen wir bereits manche Meilensteine, aber in Bibliotheken und Archiven schlummern vermutlich noch Massen an relevanten Büchern und mehr oder weniger flüchtigem Material. Die größere Tradition benötigt, wegen ihrer Dauer und kulturellen Breite, Historiker mit umfassenden Interessen (wie Otto Neurath selbst). Allgemein leidet die Geschichte der grafischen Kommunikation (außerhalb der freien und angewandten Künste) unter einer großen akademischen Gleichgültigkeit. Jede Geschichte der grafischen

Statistik oder größerer Themen der grafischen Kommunikation muss daher vorläufig sein, und so oder so ist in diesem Fall nur eine kleine Skizze möglich. Trotzdem wird diese Skizze Isotype in den historischen Strömungen verorten, in denen es liegt.

Die Gründervaterschaft der grafischen Präsentation von Statistik wird allgemein William Playfair (1759–1823) zugeschrieben. Ein Schotte mit diversen Interessen, der eine Reihe von Arbeiten veröffentlichte, insbesondere *The commercial and political atlas* (1786) und *The statistical breviary* (1801). Anscheinend wurden dort zum ersten Mal Diagramme und andere Visualisierungsmöglichkeiten genutzt, um ökonomische und soziale Daten zu präsentieren.[3] War Playfair noch ein einsamer Vorläufer, kamen später im 19. Jahrhundert zwei Faktoren zusammen, die den breiten Einsatz von grafischer Statistik ermöglichten: der Wachstum von Statistik als Instrument der Untersuchung und Wissensaneignung und der vermehrte Einsatz von Bildern, ermöglicht durch neue Drucktechniken, lieferte Unterhaltung und Bildung für die aufkommenden Lesemassen. Es scheint also selbstverständlich, dass grafische Methoden zum Präsentieren von Statistiken bis Ende des 19. Jahrhunderts für jedes vorstellbare Thema entwickelt wurden.

Es kann zwischen zwei Arten von grafischen Statistiken unterschieden werden, sowohl für diese frühere Periode und (deutlicher) für die jüngere Vergangenheit und Gegenwart: Zum einen grafische Präsentationen für Statistiker, die sie in der Analyse der Daten unterstützen und zum anderen die Infografiken für ein breiteres Publikum, um eine ansonsten zu umfangreiche Information verständlich zu machen. Isotype gehört ganz klar zur zweiten Kategorie: Dem Ziel, eine breite Verständlichkeit zu schaffen, liegt die Entscheidung zugrunde, Bildsymbole statt nicht-ikonischer grafischer Mittel zu nutzen.[4]

Am Ende des 19. Jahrhunderts kamen Bildstatistiken immer öfter zum Einsatz: Man fand sie in Zeitungen und Journalen (obwohl bis jetzt eine systematische Studie darüber fehlt) sowie in manch bleibenderen Veröffentlichungen. Michael G. Mulhall (1836–1900) hatte hier anscheinend großen Einfluss, er veröffentlichte eine Reihe von statistischen Zusammenfassungen – insbesondere *The dictionary of*

3 Hauptquellen für die Geschichte der grafischen Statistik sind: H. Gray Funkhouser, «Historical development of the graphical representation of statistical data», *Osiris*, Vol. 3, № 1, 1937, S. 269–404; James R. Beniger & Dorothy L. Robyn, «Quantitative graphics in statistics: a brief history», *American Statistician*, Vol. 32, № 1, 1978, S. 1–11; und in der Buchreihe von Edward R. Tufte, insbesondere sein erstes Buch: *The visual display of quantitive information*, Cheshire, CT: Graphics Press, 1983. Siehe auch die unveröffentlichte Dissertation von Patricia Costigan-Eaves: *Data graphics in the 20th century: a comparative and analytic survey*, Rutgers: State University of New Jersey, 1984

4 Diese Unterscheidung zwischen wissenschaftlich und populär scheint hinter Edward Tuftes Desinteresse an Isotype zu stecken. Erst in seinem dritten Buch über grafische Präsentation von Information taucht «isotype» (er nutzt das Wort als Adjektiv und schreibt es daher klein) kurz auf. Ein Stück «info-graphics» (Anführungszeichen sind von Tufte; er schreibt: «the language is as ghastly as the charts») illustriert «how pop journalism might depict Snow's work, complete with celebrity factoids, over-compressed data, and the isotype styling of those little coffins» (*Visual Explanations*, Cheshire, CT: Graphics Press, 1997, S. 37). «Overcompressed data» scheint der Hauptgrund für Tuftes direkte Ablehnung von Isotype zu sein. Dies wurde in einem Brief an mich (an RK 18. August 1984) bestätigt, den er nach der Veröffentlichung seines ersten Buches *The visual display of quantitative information* schrieb. Ich schlug vor, Isotype in den Kanon grafischer Information aufzunehmen, neben William Playfair und E.J. Marey. Er sagte, dass er zwar die Gestaltung und Politik von Isotype mochte, nicht aber deren Statistik oder «quantitative» Tiefe.

statistics (1883 – mit mehreren späteren Auflagen) beinhaltete grafische und bildliche Präsentationen ausgewählter Daten.

3.01 Mulhalls Bildstatistiken sind gute Beispiele der Art der Arbeiten, die Neurath kritisierte und als Gegenposition Isotype vorschlug. Die Symbole von Mulhall werden vergrößert im Verhältnis zu der Menge, die sie repräsentieren; und sie werden normalerweise nach Größe angeordnet, statt in einem natürlicheren oder verständlicheren Prinzip der Anordnung (zum Beispiel eine Anordnung nach geografischem Ursprung).

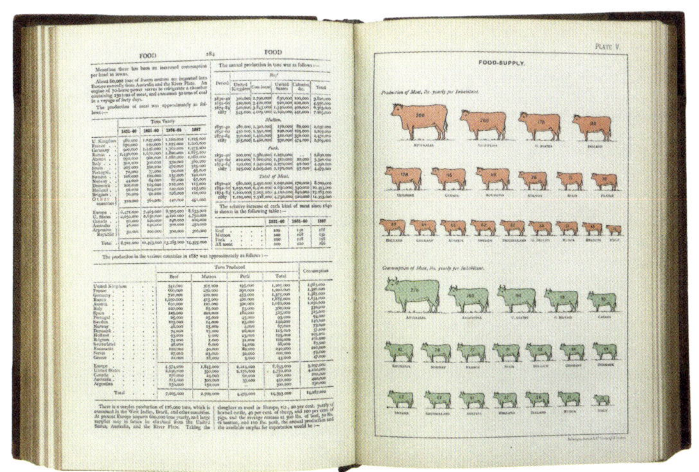
FOOD 284 FOOD

PLATE V.

FOOD-SUPPLY.

3.01 Mulhalls Diagramme sind Illustrationen von Daten, statt Transformationen davon. Neben dem Problem, dass der Betrachter nicht weiß, welche Mengen die Bilder tatsächlich zeigen, bleibt die Darstellung leblos in seinem Prinzip der Ordnung nach Größe und im Verzicht des Vergleichs zweier Datensets. Michael G. Mulhall, *The dictionary of statistics*, London: George Routledge, 1892 (258 × 195 mm)

Ein weiterer Meilenstein in der Geschichte der Bildstatistiken ist die Veröffentlichung von Willard C. Brintons *Graphic methods for presenting facts* (1914). Es ist ein langer, gründlicher Überblick über das gesamte Feld und wurde zitiert als Vorgänger zu Neuraths Prinzip der Wiederholung (statt der Vergrößerung) von Bildsymbolen, um Mengen zu visualisieren.[5] Brinton zeigt dies in der Tat in einer seiner vielen Illustrationen (S. 39), allerdings ist sein Beispiel grob und ohne klares Konzept des Einheitensymbols. Aber dieses einzelne Beispiel ist nicht mit einem ganzen Isotype-System, das mit viel Einsatz und über viele Jahre entwickelt und verbessert wurde, zu vergleichen. Was die Frage des Vorbilds angeht, ist es unwahrscheinlich, dass Neurath Brintons Buch in Wien gesehen hatte, als er das Siedlungsmuseum in den 1920ern dort gründete. Umso unwahrscheinlicher, dass er *Graphic methods for presenting facts* um 1917 gesehen hatte, als er zum ersten Mal visuelle Darstellungen im Deutschen Kriegswirtschaftsmuseum in Leipzig untersuchte.[6]

[5] Siehe zum Beispiel: Herbert Koberstein, «‹Wiener Methode der Bildstatistik› und ‹International System of Typographic Picture Education› (Isotype): informative Grafik und bildhafte Pädagogik», unveröffentlichte Dissertation, Universität Hamburg, 1969, S. 29. In einer Weiterentwicklung dieser Dissertation hat Koberstein seine eigene Methode der Bildstatistik entwickelt, basierend auf einer nicht-historischen Reduktion von Isotype: *Statistik in Bildern: eine grafischstatistische Darstellungslehre*, C.E. Poeschel Verlag: Stuttgart, 1973. Die Annahme, dass Brinton Neuraths Methode beeinflusst hatte, war einer der Vorwürfe von Clive Chizlett in einem Angriff auf Neurath und Isotype: «Damned lies, and statistics: Otto Neurath and Soviet propaganda in the 1930s», *Visible Language*, Vol. 26, № 3–4, S. 299–321. Ich habe darauf geantwortet mit «Blind eyes, innuendo and the politics of design: a reply to Clive Chizlett», *Visible Language*, Vol. 28, № 1, S. 68–79. In jüngerer Zeit wurde die Diskussion, dass Neurath von Brinton abgeschaut hat, von Nader Vossoughian in *Otto Neurath: the language of the global polis* (2008) aufgegriffen – allerdings ohne Beweise. Noch aktueller zeigt Hisayasu Ihara, dass Otto Neurath und Willard C. Brinton in den 1930er-Jahren miteinander in Kontakt waren. Neurath kommentierte auf einen Abzug eines Artikels über ihn: «we find such little men before Neurath in different countries and in different periods – but without a system, only as single attempts.» («Isotype in America: Otto Neurath and Rudolf Modley, 1930–39», in: Burke, Kindel, Walker, *Isotype: design and contexts, 1925–1971*, S. 336, Anmerkung 130.)

[6] Fast nichts ist über die Arbeit in Leipzig bekannt, aber Wolfgang Schumann, der in der Stadt arbeitete und damals Neurath kannte, erinnerte sich: «Modelle und Tafeln waren in der Mache. Dieses war der Anfang von der Beschäftigung mit Visualisierung, die Neurath fortsetzte und in seinem Gesellschafts- und Wirtschaftsmuseum weiterentwickelte.» (EAS, S. 16)

Inzwischen entdeckt die Forschung andere «Proto-
Isotype»-Arbeiten, die Neurath eher gekannt haben könnte;
3.02 so wird das Nachdenken über Brinton als möglichem Vorbild
3.03 für die Isotype-Methoden überflüssig. Nichtsdestotrotz,
Brintons *Graphic methods* bleibt ein wichtiger Zeuge der Menge und Vielfalt der grafischen Information, die zu der Zeit produziert wurde. Die Frage nach einem direkten Vorbild für das Urprinzip von Isotype sollte auch die Fülle an schlechten, inkonsequenten Bildstatistiken und Neuraths seit der Kindheit verankerte Neigung zur konsequenten grafischen Präsentation, wie er selbst in der «visual autobiography» schrieb, in Betracht ziehen. Man könnte ebenfalls hier anmerken, dass, obwohl Neurath auf dem Laufenden war, bezüglich seiner visuellen Arbeit wie auch sonstiger Themen, er ebenfalls sehr unabhängig und gar unorthodox in seinem Denken war, wobei ihm sein breites historisches Wissen half. Er war unbeeinflusst von den Ideen seiner Kollegen und direkten Vorgänger.

Dies führt nun zu der größeren Tradition, in der man Isotype verorten kann: Die Geschichte der grafischen Kommunikation von Information aller Art. Der beste Startpunkt hier ist Neuraths «visual autobiography».[7] Das Thema hat bis jetzt noch keinen allgemein anerkannten Historiker gefunden, aber die wachsende Zahl an Fachbeiträgen deutet eine ernstzunehmende Synthese an.[8]

In dieser breiteren Betrachtung können zwei frühe Vorbilder der Bildsymbole in der Kommunikation ausgemacht werden: ägyptische Hieroglyphen und die piktografischen Gefechtskarten, die die Größe und Lage von Streitmächten zeigen. Diese Vergleiche erklären gewisse optische Qualitäten – «Stil» vielleicht –, die Isotype entwickelte. Die charakteristische Nüchternheit und Einfachheit der ausgereiften Isotype ist zugleich aktuell und aus seiner Zeit, bezieht sich aber auch auf ältere grafische Arbeiten: piktografische und semi-piktografische Karten, technische Zeichnungen und Stiche (die Abbildungen in der großartigen französischen *Encyclopédie* zählen zu den besten Beispielen). Neurath hat solches Material gesammelt, und es diente ganz klar als Inspirationsquelle für Isotype: hin und wieder in der direkten spezifischen Anwendung und im Allgemeinen, um eine visuelle Arbeitskultur zu etablieren.[9]

7 Neuraths Text war zur Zeit seines Todes unfertig und sein Verleger veröffentlichte ein anderes Buch, um es zu ersetzen: Lancelot Hogben, *From cave painting to comic strip*, London: Parrish, 1949. Hogbens Buch ist immer noch nützlich bei der Untersuchung dieses riesigen Feldes.

8 Ein gutes Beispiel dieser Art der spezialisierten Geschichte ist: Arthur H. Robinson, *Early thematic mapping in the history of cartography*, Chicago: University of Chicago Press, 1982.

9 Eine Menge dieses Materials blieb während des Krieges in den Niederlanden, zusammen mit dem nach der Immigration 1940 gesammelten Material befindet es sich aber jetzt in der Otto and Marie Neurath Isotype Collection, University of Reading. Für ein Beispiel der direkten Referenz von Neurath zu dieser Tradition siehe IPL, S. 107.

3.02, 3.03 Zwei Tafeln aus einer Serie von Leo Hickmann für ein Handbuch der Bildungsinformation in Österreich und an anderen Orten. Obwohl die Symbole wie Einheiten wirken, ist die tatsächliche Einheit die Länge: «1 mm = 340 Personen und 1 mm = 14 800 Kinder». *Zur Geschichte und Statistik des Volksschulwesens im In- und Auslande*, Wien: Verlag der Sonderausstellungs-Commission «Jugendhalle», 1898 (198 × 130 mm) →

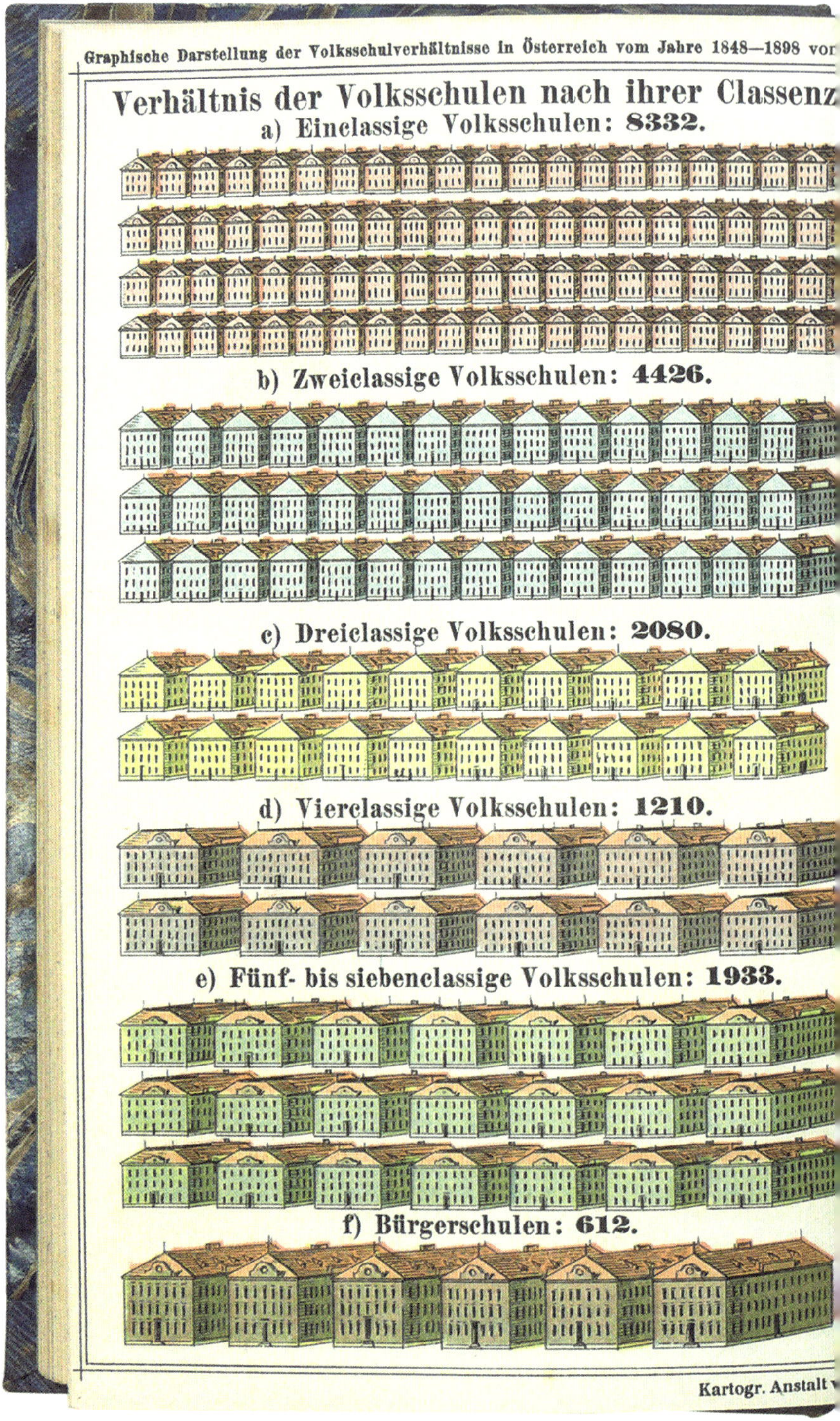

Graphische Darstellung der Volksschulverhältnisse in Österreich vom Jahre 1848—1898 vor

Verhältnis der Volksschulen nach ihrer Classenz

a) Einclassige Volksschulen: **8332.**

b) Zweiclassige Volksschulen: **4426.**

c) Dreiclassige Volksschulen: **2080.**

d) Vierclassige Volksschulen: **1210.**

e) Fünf- bis siebenclassige Volksschulen: **1933.**

f) Bürgerschulen: **612.**

Kartogr. Anstalt v

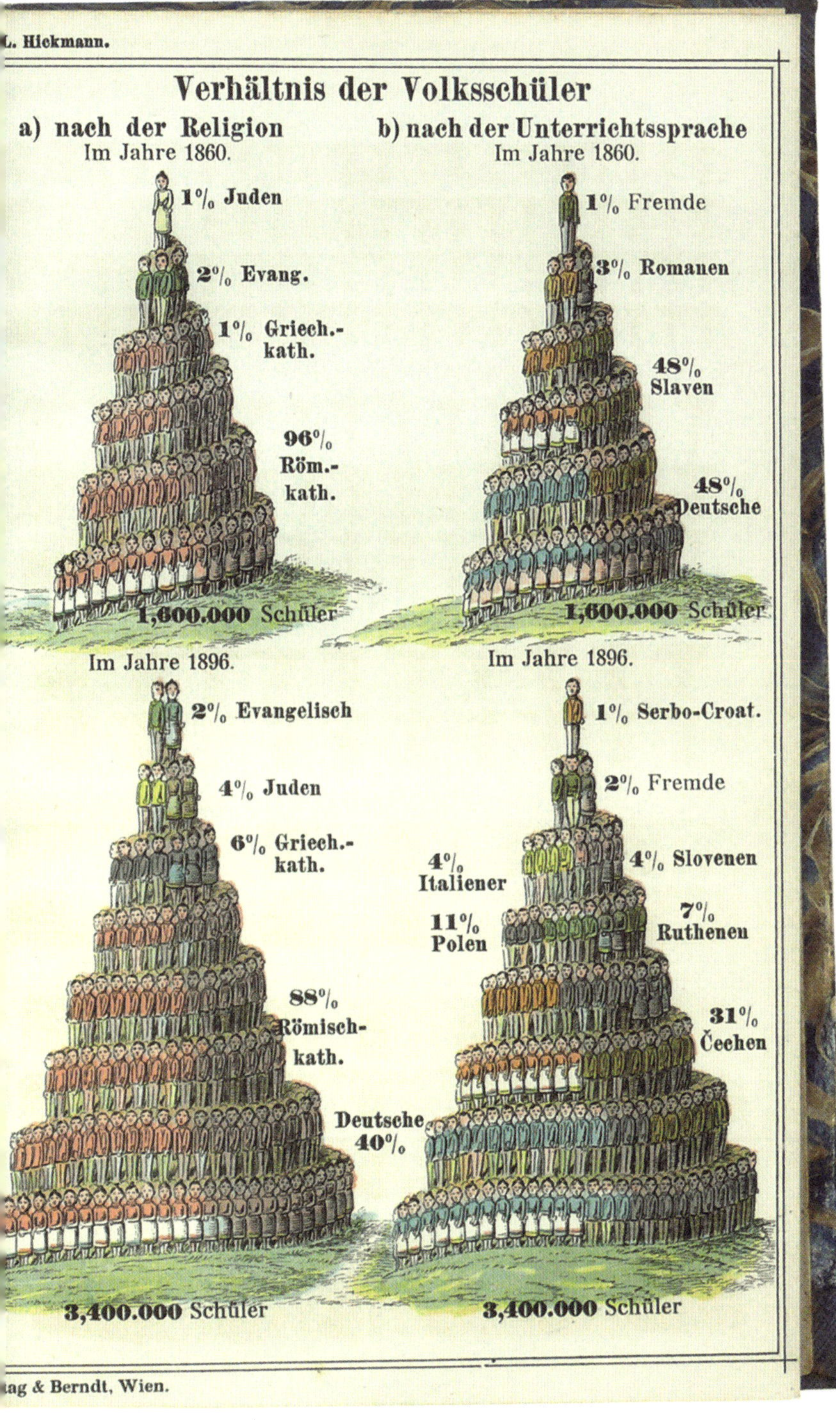
L. Hickmann.
Verhältnis der Volksschüler
a) nach der Religion
Im Jahre 1860.
1% Juden
2% Evang.
1% Griech.-kath.
96% Röm.-kath.
1,600.000 Schüler
b) nach der Unterrichtssprache
Im Jahre 1860.
1% Fremde
3% Romanen
48% Slaven
48% Deutsche
1,600.000 Schüler
Im Jahre 1896.
2% Evangelisch
4% Juden
6% Griech.-kath.
88% Römisch-kath.
3,400.000 Schüler
Im Jahre 1896.
1% Serbo-Croat.
2% Fremde
4% Slovenen
4% Italiener
7% Ruthenen
11% Polen
31% Čechen
Deutsche 40%
3,400.000 Schüler
lag & Berndt, Wien.

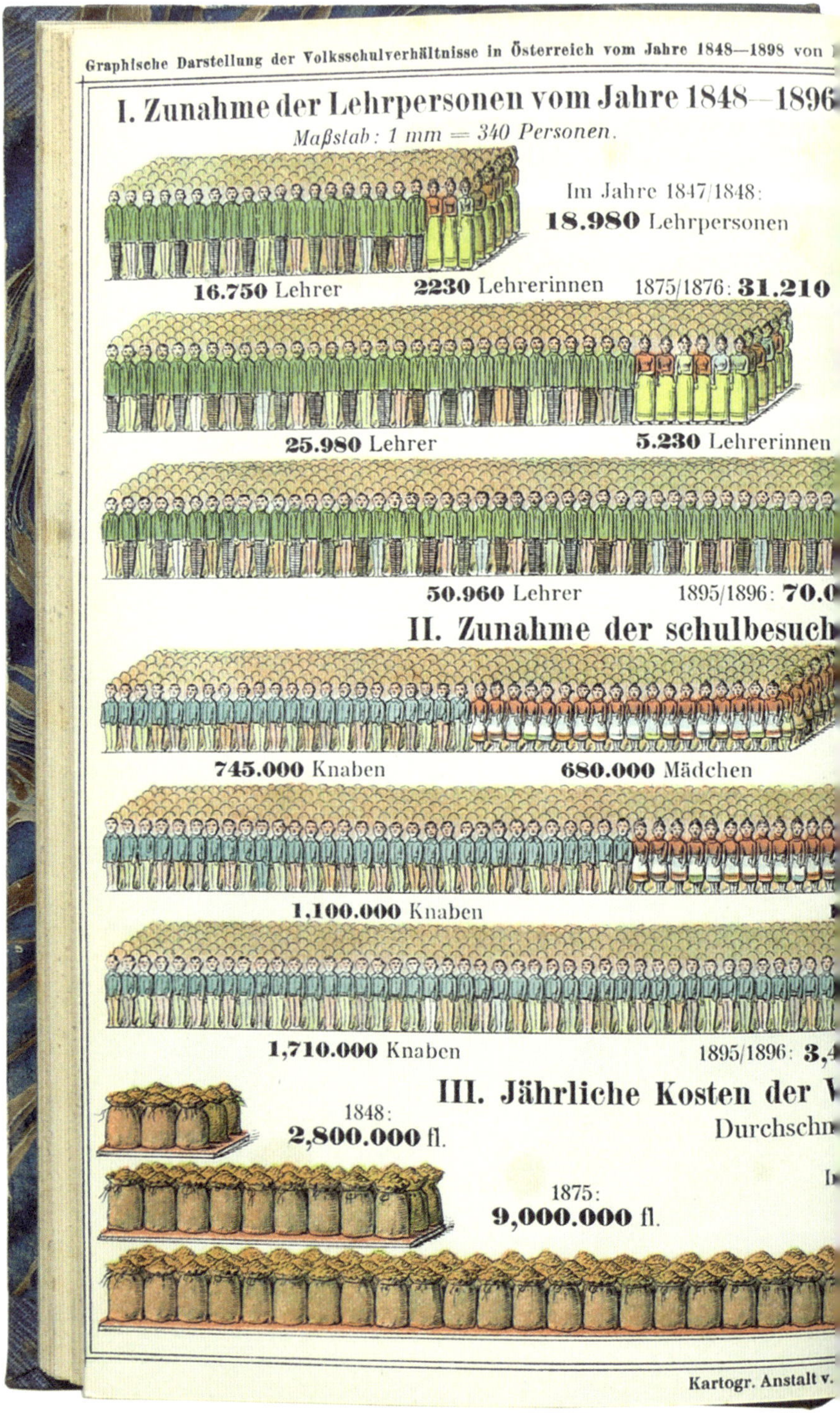

Graphische Darstellung der Volksschulverhältnisse in Österreich vom Jahre 1848—1898 von
I. Zunahme der Lehrpersonen vom Jahre 1848—1896
Maßstab: 1 mm = 340 Personen.
Im Jahre 1847/1848:
18.980 Lehrpersonen
16.750 Lehrer
2230 Lehrerinnen
1875/1876: 31.210
25.980 Lehrer
5.230 Lehrerinnen
50.960 Lehrer
1895/1896: 70.0
II. Zunahme der schulbesuch
745.000 Knaben
680.000 Mädchen
1,100.000 Knaben
1,710.000 Knaben
1895/1896: 3,
III. Jährliche Kosten der
Durchschn
1848:
2,800.000 fl.
1875:
9,000.000 fl.
Kartogr. Anstalt v.

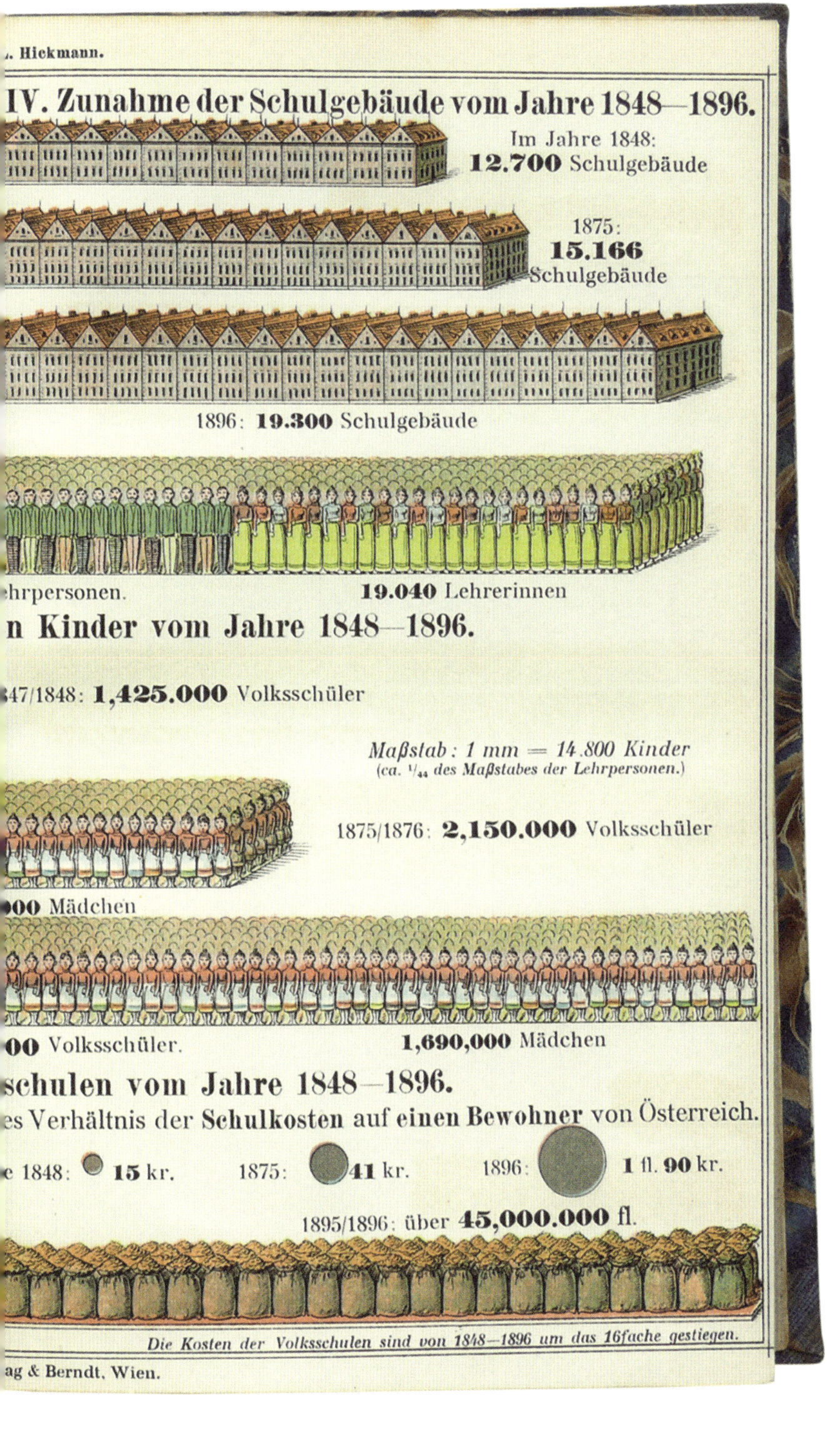

. Hickmann.

IV. Zunahme der Schulgebäude vom Jahre 1848—1896.

Im Jahre 1848: **12.700** Schulgebäude

1875: **15.166** Schulgebäude

1896: **19.300** Schulgebäude

hrpersonen. **19.040** Lehrerinnen

n Kinder vom Jahre 1848—1896.

47/1848: **1,425.000** Volksschüler

Maßstab: 1 mm = 14.800 Kinder
(ca. 1/44 des Maßstabes der Lehrpersonen.)

1875/1876: **2,150.000** Volksschüler

00 Mädchen

00 Volksschüler. **1,690,000** Mädchen

schulen vom Jahre 1848—1896.

es Verhältnis der **Schulkosten auf einen Bewohner** von Österreich.

e 1848: **15** kr. 1875: **41** kr. 1896: **1** fl. **90** kr.

1895/1896: über **45,000.000** fl.

Die Kosten der Volksschulen sind von 1848—1896 um das 16fache gestiegen.

ag & Berndt, Wien.

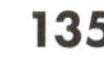

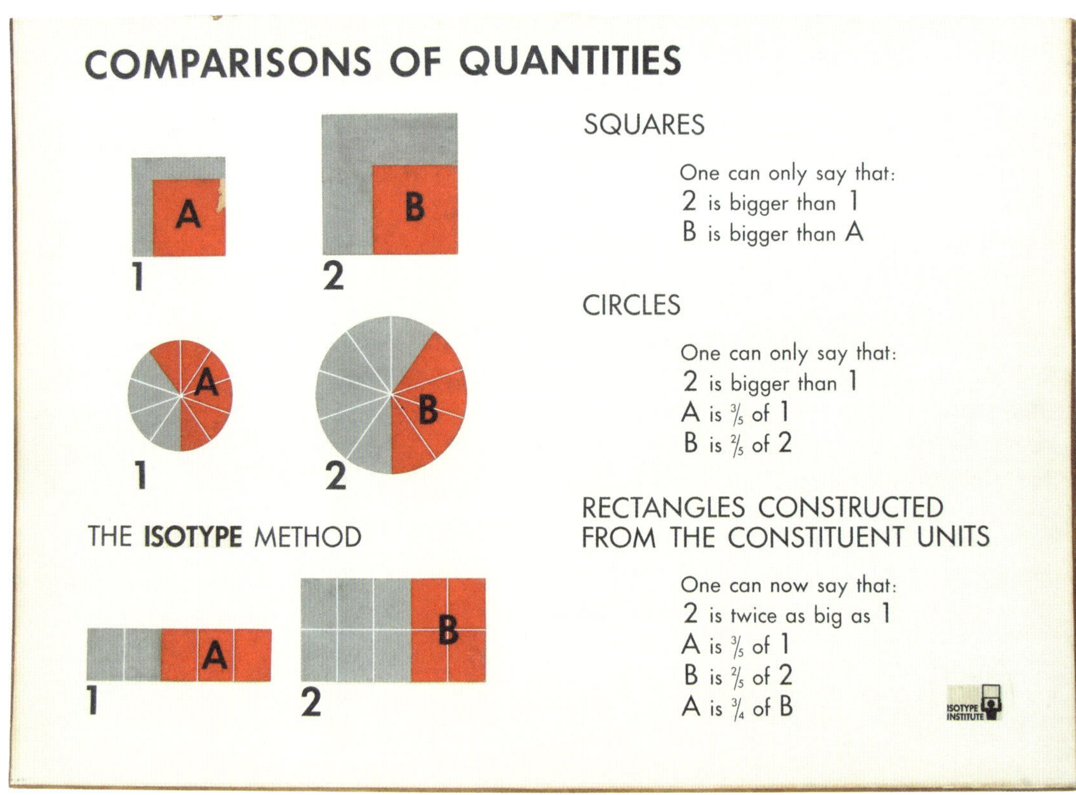

3.04 Eine alternative Erklärung der Isotype-Prinzipien, hier ohne den nächsten Schritt, Bildsymbole zu verwenden. Diese Ausstellungstafel wurde um 1933 für die Londoner «Zweigstelle» des GEWIMU erstellt. Es wurde vom Isotype-Institut übernommen und befindet sich heute in der Sammlung in Reading. (630 × 840 mm)

Regelwerk oder Denkweise?

In Isotype liegt das Versprechen eines «international system of typographic picture education» und bevor dieser Name 1935 erfunden wurde, war es bekannt als «Wiener Methode». In der Arbeit und in den begleitenden Texten seiner Autoren wurde Isotype angepriesen als System oder Methode, die man anwenden kann, um Material zu präsentieren (speziell quantifizierte Information in Form von Bilddiagrammen). Dieser Verweis auf ein Regelwerk mit internationaler Anwendbarkeit erklärt unser anhaltendes Interesse an Isotype.

Von seinen frühesten Arbeiten an verfolgte Isotype eine Regel oder ein Prinzip: Wenn man quantifizierte Informationen zeigt, werden Symbole genutzt, um eine feste Menge zu zeigen; größere Mengen werden durch das Wieder-
3.04 holen von Symbolen gezeigt. Dieses bildet ein festes Fundament in der grafischen Präsentation von quantifizierten Informationen, aber für sich alleine liefert es kein System. Eine Betrachtung der großen und diversen Masse an Isotype-Arbeiten führt zu folgenden Beobachtungen: Isotype folgte von Anfang (1925) an seiner Basisregel und wurde durch andere Regeln angereichert, die auftauchten, erprobt, modifiziert und verfeinert wurden. Diese neuen Prinzipien wurden durch die Herausforderungen von neuen Aufgaben immer wieder angepasst. Die Isotype-Arbeit wurde beeinflusst vom normalen Alltag der Transformierer und durch die besonderen Traumata, hervorgerufen durch die europäische Politik (was zu zwei erzwungenen Umzügen führte). Isotype-Arbeit war Teamarbeit, mit allem was dazu gehört, und trotz der

störenden und ablenkenden Faktoren zeigen die Isotype-Arbeiten von einem frühen Zeitpunkt an eine charakteristische und konsequente Herangehensweise.

Wenn man versucht, diese (oder irgendeine) Herangehensweise an Gestaltung zu destillieren, besteht das Risiko der zu starken Vereinfachung und der Versteifung eines komplexen Prozesses. Als Übersetzer oder Historiker versucht man, Prinzipien abzuleiten, die man nutzen kann, um Informationen (ob quantifiziert oder sonstige) in visuelle oder grafische Form umzuwandeln, sodass man eine verständliche, interessante Aussage machen kann. Die Herangehensweise kann aber nicht erklärt oder beschrieben werden ohne eine genaue Betrachtung der spezifischen Arbeitsbeispiele; und diese sollten idealerweise mit den Gestaltern diskutiert werden. Aus so einer Diskussion würden sich Gründe und Prinzipien hinter spezifischen Lösungen zeigen, aber vielleicht immer noch nicht klar formuliert.[10]

Man sollte nicht zu viel aus dieser Kommunikationsblockade machen: Die Isotype-Haltung ist gegen jede Mystifizierung des Designprozesses (als pure, unerklärbare Kreation).

Aber weil Isotype im Team und verbal oder nur mittels informeller Skizzen und Layouts entstand, konnten besondere Feinheiten entwickelt werden. Zum Beispiel wurden besondere Modifikationen für eine besondere Aufgabe gemacht – feine Justierungen am verfügbaren Platz, um in ein vorgegebenes Format zu passen, oder Variationen in der normalen Anordnung, um eine besondere Bedeutung hervorzuheben – solche Dinge lassen sich nicht in allgemeine Regeln fassen. Trotz dieser Schwierigkeiten ist es möglich, die grundlegenden Isotype-Prinzipien zu formulieren. Der Designprozess selbst – die Transformation – drückt genau ein solches Prinzip aus: Das Ziel der Arbeit ist es, etwas Verständliches und Interessantes zu schaffen – eine positive Aussage, die die Betrachtung lohnt.

Es geht überhaupt nicht um die Festlegung eines Regelwerks, mit dem Informationen automatisch ins Visuelle übersetzt werden können. Diese Idee entspräche (um Otto Neurath zu interpretieren) «dem Konvertieren von langweiligen Zahlenreihen in langweilige Symbolreihen». Stattdessen ist das Material zu hinterfragen: Sollte eine Auswahl getroffen werden (weil man weiß, dass eine visuelle

[10] Dass sogar die systematische Arbeit von Isotype von implizierten Fähigkeiten abhängig ist, regte Michael Macdonald-Ross in Artikeln an, die mit den reduktiven Tendenzen innerhalb der Bildungspsychologie brechen: «Graphics in text», in: L.S. Schulman (ed.), *Review of Research in Education*, Vol. 5, 1977; «How numbers are shown», *Audio-Visual Communication Review*, Vol. 25, 1977, S. 359–409.

Aussage schnell verloren geht, wenn zu viel gezeigt wird)? Die beste Methode, um «Interesse» zu wecken, ein Ziel von Isotype, ist der Materialvergleich: die Gegenüberstellung von zwei oder mehr Teilen eines Ganzen oder von Materialgruppen, die eventuell etwas miteinander zu tun haben, kann der notwendige Auslöser zum Hinterfragen und Nachdenken beim Betrachter oder Leser sein. Also umgeht Isotype das einfache Schaubild mit nur einer Variablen. Dieser Versuch, eine visuelle Aussage zu treffen, könnte auf relativ viel Freiheit deuten. Das wäre irreführend. Ein genauso starkes Prinzip ist das Bedürfnis, dem Material und dem Leser gerecht zu werden. Das ist das stärkere Prinzip hinter der Wiederholung der Symbole. Andere Methoden, wie das Vergrößern von Zeichen und Symbolen, brechen mit diesem Glauben: Was durch das Zeichen oder das Symbol repräsentiert wird, kann nicht direkt gelesen werden, und das Material könnte dadurch verzerrt werden. In diesem Sinn bevorzugte Isotype für geografische Tafeln flächentreue Projektionen
3.05 (wie Mercators) gegenüber solchen, die Flächen verzerren. Parallelprojektionen wurden statt perspektivischen Projektionen für dreidimensionale Bilder verwendet. Und dieses größere Prinzip der Treue (und die besondere Art von Bodenständigkeit und Pragmatismus) beeinflusst alle Entscheidungen in Designdetails: die Farbwahl und -nutzung, Zeichnen von Symbolen, Materialanordnung und Feinheiten in der Platzierung der Elemente. Eine Isotype-Tafel über den
3.06 ersten Weltkrieg illustriert stellvertretend einige dieser Aspekte. Es ist eine englischsprachige Adaption von Material, das als Basis für spätere deutschsprachige Tafeln diente, und es zeigt die Raffinesse und Feinsinnigkeit im Detail, welche zu der Zeit der Umsetzung (um 1933) erreicht wurde.

Die Symbole sind in einer Parallelprojektion und nicht parallel zur Seite in Reihen oder Blöcken angeordnet (wie sonst in Isotype-Arbeiten üblich). Frühere Versionen dieser Tafel legen nahe, dass sie aus der Tradition der Gefechtskarten stammt, wo quantifizierte Gruppen von Soldaten in einer Umgebung gezeigt werden, die Elemente einer Karte und Landschaft kombinieren. Ungeachtet von diesem Vorbild, spricht die Verwendung der Anordnung für eine Herangehensweise, die sich an das Material anpasst und nicht für eine dogmatisch eingesetzte Methode. Die Anordnung

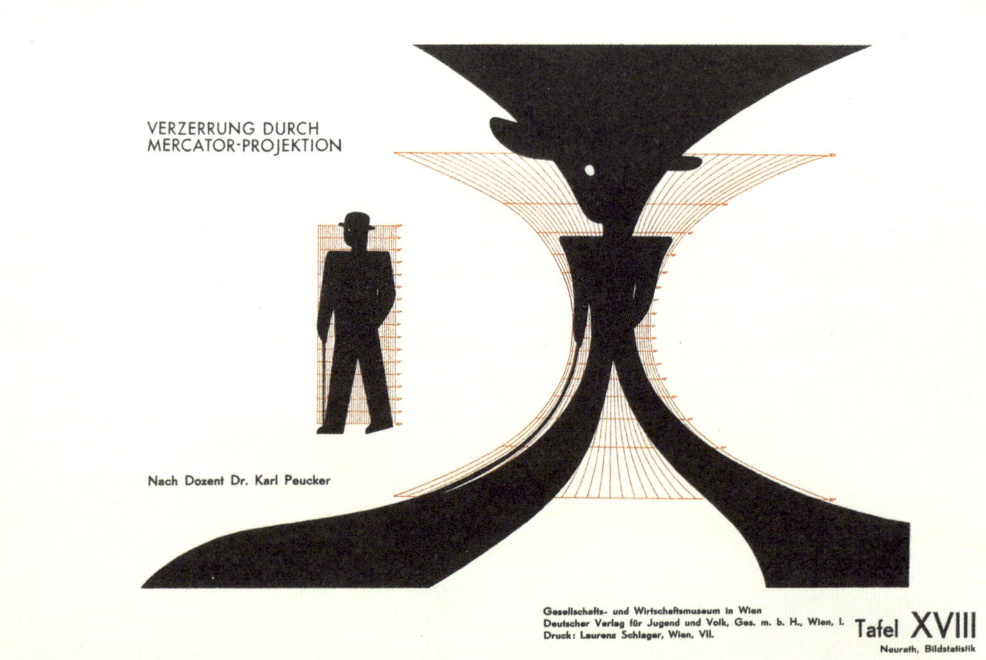

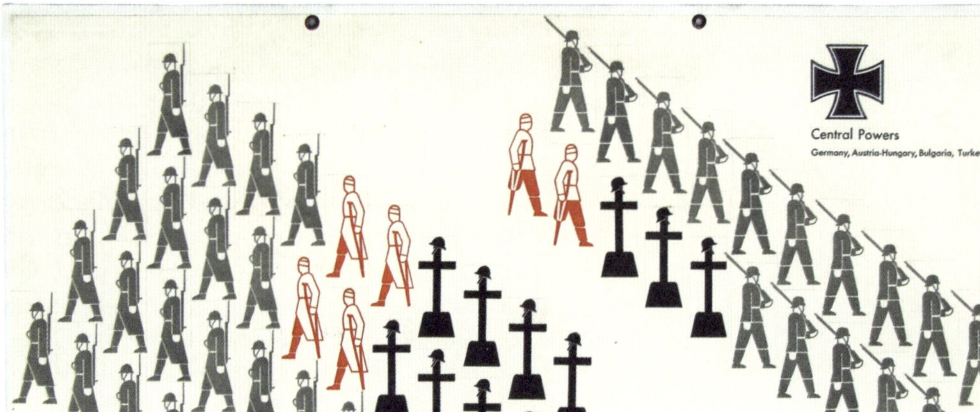

Central Powers
Germany, Austria-Hungary, Bulgaria, Turkey

Allies
USA., British Empire, France, Belgium,
Italy, Serbia, Rumania, Russia, Japan a. s. o.

Great War 1914-18

Each figure 1 million soldiers
(killed, wounded, others returning home)

ISOTYPE

ermöglicht verschiedene Vergleiche: zwischen den Größen der entgegengesetzten Gruppen; zwischen Verhältnissen innerhalb jeder Gruppe; zwischen Verhältnissen der gleichen Typen in beiden Gruppen. So kann die Tafel auf (mindestens) drei Arten gelesen werden, und dies verlangt Zeit und Aufmerksamkeit vom Betrachter.

Die Symbole wurden so gezeichnet, dass die drei Typen (Lebende, Verwundete und Tote) alle fast das gleiche visuelle Gewicht haben und sich gut als Gesamtgruppe wahrnehmen lassen; aber jeder Typ ist leicht von der Gesamtgruppe zu unterscheiden. Lebende Soldaten sind Grau, die Verwundeten sind Rot, die Toten sind Schwarz – die Farbunterschiede unterstreichen diese Unterscheidbarkeit. Bei näherer Betrachtung kann festgestellt werden, dass sich die Symbole der jeweiligen Streitmächte in Details der Haltung und Kleidung niederschlagen; es sind kleine, aber bedeutsamen Aspekte wie diese, die einem die Isotype-Herangehensweise näherbringen.

3.05 Eine Darlegung der Verzerrungen durch Mercator-Projektion, nach der Arbeit von Karl Peucker, beratender Kartograf des GEWIMU. Diese war eine der Tafeln in Otto Neuraths *Bildstatistik nach Wiener Methode in der Schule*, Wien/Leipzig: Deutscher Verlag für Jugend und Volk, 1933. (150 × 225 mm)

3.06 Ebenso wie 3.04 wurde diese Tafel um 1933 für eine Ausstellung in London angefertigt und befindet sich jetzt in Reading. Die zwei Löcher für die Aufhängung legen nahe, dass sie für kurze Wanderausstellungen gedacht war. (420 × 630 mm)

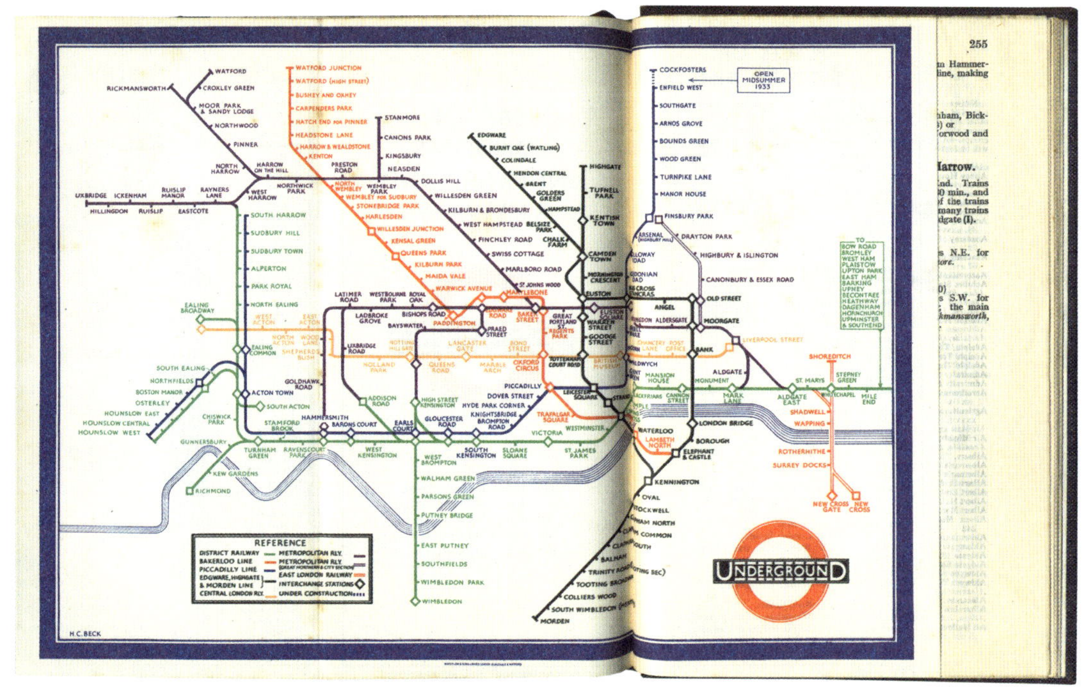

[11] Die Gemeinsamkeiten von Isotype und dem London Underground-Diagramm wurden ebenfalls von Richard Hollis bemerkt in seinem Buch: *Graphic Design: a concise history*, London: Thames & Hudson, 1994, S. 18.

3.07 Das London Underground-Diagramm in der ersten Veröffentlichung, 1933. Diese Version findet sich in dem Buch, das von Findlay Muirhead herausgegeben wurde: *Short guide to London*, 3. Ausgabe, London: Ernest Benn Limited, 1933. (Größe des Diagrammblattes: 155 × 223 mm)

Designansätze mit Isotype-Charakter

Man kann diese Denk- und Arbeitsweise in anderen Designbeispielen finden. Wie bereits erwähnt, hat Otto Neurath Isotype stolz in einer gewissen Tradition der visuellen Kommunikation verortet. Obwohl sein Augenmerk vorrangig der Bildkommunikation galt, scheint es sinnvoll, eine breitere Definition der «visuellen Kommunikation» zugrunde zu legen, um jede Art der Präsentation einzuschließen, die Bedeutungen visuell kommuniziert und nicht nur verbal oder textlich formuliert. Wir können daher jede Sorte der abstrakten oder non-figurativen Darstellung einschließen: Dieses Gebiet ist nun groß genug, um Diagramme, Text in visueller Form, Gebäude, Stadtplanung zu umfassen. Diese Diskussion könnte man noch um jede Art eines Ordnungsvorgangs erweitern, dessen Konfiguration den Inhalt und die Bedeutung des Materials als Leitprinzip hat. Wir könnten das Planen einer Mahlzeit, eines Musikkonzerts oder einer medizinischen Untersuchung in Betracht ziehen. Hier werde ich nur die erste Erweiterung illustrieren.

3.07 **Beck** Das London Underground-Diagramm, heutzutage als Designklassiker gefeiert, hat etwas mit Isotype gemein.[11] Bei genauer Betrachtung kann man feststellen, dass es sich um eine Erfindung von jemandem (Harry Beck) handelt, der weder Designer noch angewandter Künstler von Beruf war und der an die Sache frei und unkonventionell herangehen konnte. Becks erste Skizze des Diagramms wurde 1931 angefertigt – und fällt somit in die gleiche Zeit wie unser Thema. Für gewöhnlich wird sie «London Underground map» genannt. Besser wäre es, so auch die Empfehlung des Haupthistorikers, sie ein Diagramm zu nennen.[12] Gezeigt werden nicht die geografischen, sondern die verbindenden Beziehungen. Man reist unter der Erde, ohne Bezug zur Landschaft oder eines vorbeiziehenden Kontextes, und die wichtigsten Informationen sind die Verbindungen und Umsteigemöglichkeiten. In ähnlicher Weise eliminiert auch Isotype einiges an Details und trifft eine radikale Auswahl dessen, was man wissen muss.

Sowohl in Becks Diagramm als auch in Isotype wird Information visuell transportiert. Farbe ist aufgeladen mit Bedeutung und elementar, damit sie funktionieren. Beide nutzen eine überlegt ausgewählte Formenreihe. Es sind strenge Konventionen und Beschränkungen sichtbar. In dem Underground-Diagramm sind die Winkel der Linien begrenzt, die Distanz zwischen Haltestellen ist regelmäßig. Beide wurden aus einer standardisierten Denkweise heraus gestaltet. Dies bedeutet aber keine Einschränkung. Ganz im Gegenteil. Sie sind imstande, neue erweiterte und aktualisierte Information aufzunehmen.

Tschichold Weitere zeitgenössische Beispiele dieser Denkart findet man auch in Jan Tschicholds Erklärungen zur Neuen Typografie.[13] In seinem Buch *Die Neue Typographie* (1928) erläutert er die Vorteile von standardisierten Formaten, zu der Zeit erschienen gerade DIN-Formate. Ein Schlüsselbeispiel ist der Standard für Briefbögen, mit fester Größe (A4) und festgelegten Feldern für verschiedene Elemente des Dokuments. Innerhalb dieser Beschränkungen ist der Gestalter frei. Die hier abgebildeten Briefbögen zeigen die Ideen 3.08
Tschicholds deutlich. In der vom Kunden bevorzugten Version (rechts) werden Informationen im Block gesetzt, mit Linien ohne inhaltlichen Bezug. Sogar der Firmenname ist etwas unentschieden gesetzt. In Tschicholds Design (links) ist die Organisation klar genannt: Arbeitsgemeinschaft des Bayerischen Kunstgewerbevereins und des Münchner Bundes. Danach werden die Mitglieder des Leitungskomitees deutlich gemacht, als Liste. In der umgestalteten Version arbeitet die zweite Farbe (Rot) effektiver, um die Information zu zeigen und hervorzuheben. Man beachte, wie Rot für die Absender-

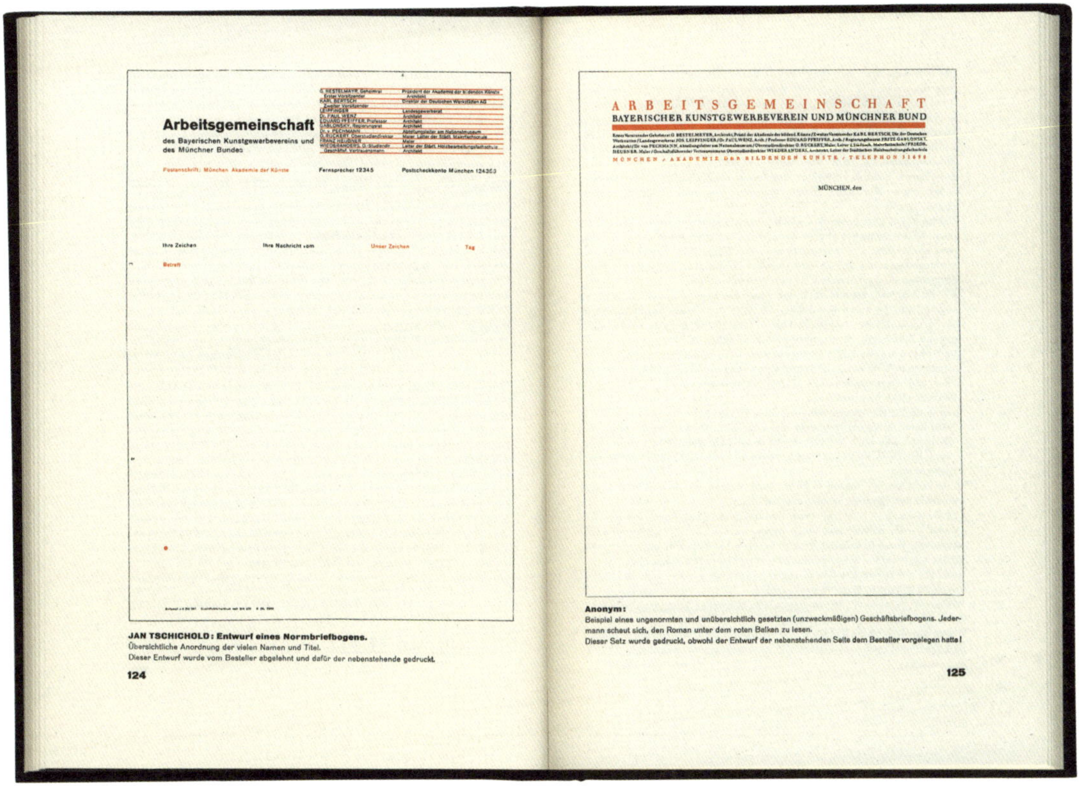

[12] Ken Garland, *Mr Beck's Underground map*, Harrow Weald: Capital Transport, 1994

[13] Tschichold war kurze Zeit in Wien, um in dem Gesellschafts- und Wirtschaftsmuseum zu arbeiten. Siehe Christopher Burke, *Active literature*, London: Hyphen Press, 2007, S. 119–121

3.08 Zwei Briefbögen aus Jan Tschichold, *Die Neue Typographie*, Berlin: Bildungsverband der deutschen Buchdrucker, 1928; diese Abbildung ist aus der Reproduktionsausgabe von 1987. Tschicholds Bildunterschrift auf der linken Seite: «Dieser Entwurf wurde vom Besteller abgelehnt und der nebenstehende gedruckt!» und auf der rechten Seite: «Dieser Satz wurde gedruckt, obwohl der Entwurf der nebenstehenden Seite dem Besteller vorgelegen hatte!» (210 × 248 mm)

kunstmuseum luzern 24 februar bis 31 marz 1935

these
antithese
synthese

arp
braque
calder
chirico
derain
erni
ernst
fernandez
giacometti
gonzalez
gris
hélion
kandinsky
klee
léger
miró
mondrian
nicholson
paalen
ozenfant
picasso
täuber-arp

146

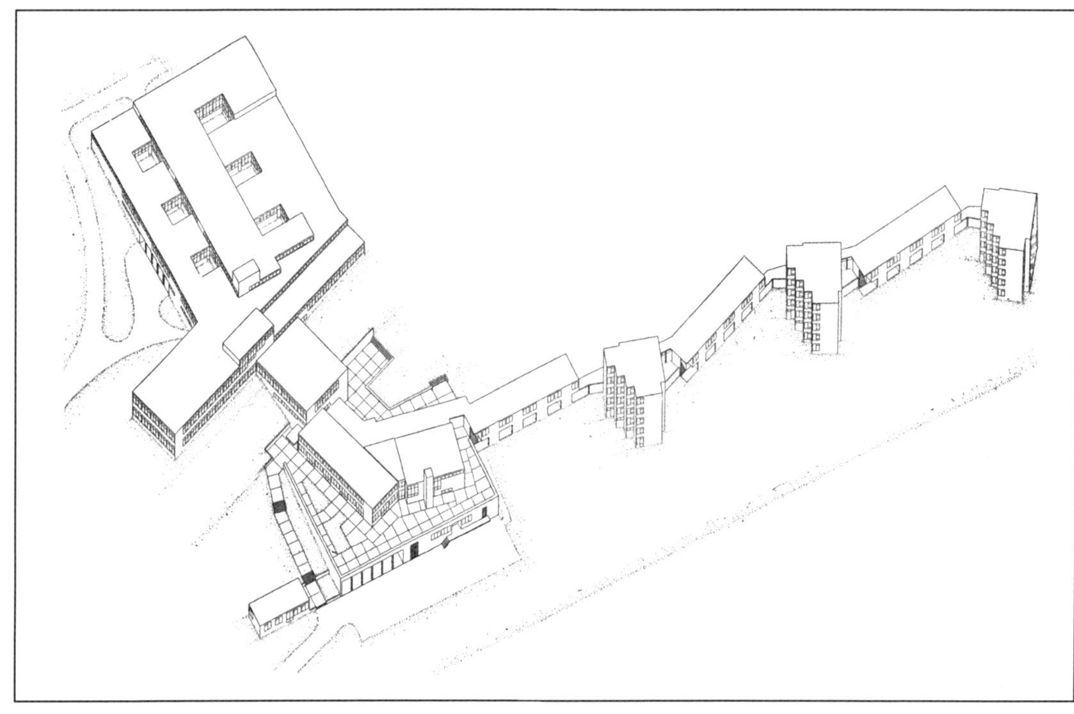

information reserviert ist («Unser Zeichen», «Tag», «Betreff», während Schwarz der Empfängerinformation vorbehalten wird: «Ihre Zeichen», «Ihre Nachricht vom»). Diese bedeutungsorientierte Haltung für grafische Gestaltung hat viel mit Isotype gemein.

Die Liste, in der alle Elemente stolz hintereinander aufgereiht sind, wurde ein stilprägendes Mittel von Tschicholds
3.09 Neuer Typografie. In dem folgenden Beispiel, einer Künstlerliste, wird allerdings eine alphabetische Reihenfolge verwendet. Für die Auflistung vieler egozentrischer Personen sicherlich eine gute Lösung, in Isotype hätte man aber nach einem anderen, der Sache innewohnenden Ordnungsprinzip gesucht.

Bill Diese Denkart kann viele Bereiche des Designs beeinflussen, und Isotype-Tafeln wurden selbstverständlich als Teil einer größeren Designaufgabe – das Gestalten von Ausstellungen und Museen – konzipiert. Es scheint aber auch durchaus lohnend, den Einfluss von Isotype auf die Gestaltung von Bauwerken zu untersuchen. Ein Beispiel ist die Hochschule für Gestaltung in Ulm, die von Max Bill in den
3.10 1940er- und frühen 1950er-Jahren entworfen wurde. (Übrigens teilt schon diese Axometrie einiges mit Isotype.) Die Hochschule für Gestaltung Ulm ist ein Fall eines «lesbaren Gebäudes» mit klar gegliederten Funktionen. Die Unterrichtsräume sind links in der Zeichnung zu finden, dann die zentralen Gemeinschaftsräume und schließlich rechts die Wohnblöcke. Gebaut wurden nur drei der Wohnblöcke (ein niedriges «Atelier», ein Turm und ein weiteres Atelier). Aber wie man in der Zeichnung sieht, bestand die Idee der Wiederholung der Wohneinheiten – mit Isotype gesprochen: die Idee der Einheitswiederholung. Des Weiteren fügt sich das Gebäudeensemble in die Topografie und spiegelt ihre Höhen und Tiefen (die niedrigen Unterrichtsräume liegen höher; die Wohnblöcke liegen tiefer). Die Gestaltung nimmt Rücksicht auf die Umgebung und wird gleichzeitig von ihr geformt. Das Zentrum des Ensembles bildet der Gebäuderiegel, dessen gekurvte Form mit den sonst streng rechteckigen Formen der restlichen Gebäudeteile bricht. Hier spricht der Formunterschied die Bedeutung aus: Er ist das Herz des Gebäudes.

3.09 Katalogtitelseite, von Jan Tschichold entworfen, 1935, Abbildung aus: *Leben und Werk des Typographen Jan Tschichold*, Dresden: VEB, 1977 (205 × 142 mm)

3.10 Zeichnung der Hochschule für Gestaltung Ulm, Abbildung aus: *HfG Ulm: Programm wird Bau*, Stuttgart: Edition Solitude, 1998

Froshaug Auf diesem postkartengroßen Aufsteller von 3.11
1951 listet Drucker und Gestalter Anthony Froshaug die Schriften auf, in dessen Besitz er war und die er seinen Kunden für den Druck anbieten konnte. Er zeigt einige Aspekte, die Ähnlichkeit mit Isotype haben.[14]

Die Daten sind – wie zum Beispiel auch in den Tafeln 2.13
«Die Beschäftigten in den Gewerbebetrieben des Deutschen 2.14
Reiches» – in Spalten angeordnet. Der Aufsteller zeigt des 2.15
Weiteren eine zentrale Spalte von fester Breite (Schriftproben). Von dieser Spalte dehnen sich Reihen nach links (Punktgrößen) und rechts (Schriftnamen, Zeitperioden und Schriftgestalter) aus. In der linken Spalte werden die Elemente nach ihrer Position in der Reihe der Schriftgrößen angeordnet. Wenn eine Schrift in einer bestimmten Größe nicht vorhanden ist, wird die entsprechende Stelle leer gelassen. Schwarze Zahlen bedeuten, dass Froshaug diese Schriftgröße bereits besitzt, rote Zahlen bedeuten, dass er diese Größe kaufen wird. Wieder hat jede Farbe eine Bedeutung und die Anordnung der roten Zahlen und Namen erzählt eine fortlaufende Geschichte. Dies ist nur eine Karte aus einer Reihe, die Froshaug druckte; jede «Ausgabe» war ein aktualisierter Bericht zum Bestand seiner Schriftensammlung.

anthony froshaug msia cucurrian ludgvan pz cwll

Moderns					18	14		10	8		äAal⅛	Monotype Bodoni 135 . [c1786 . Bodoni]
			24		18		12	10	8		Aal	Monotype Bodoni Italic 135I
			24			14	12	10	8		Aa1	Monotype Bodoni Heavy 260
			24		18		12		8		Aa	Minster Black . 1815 . Figgins
	36				18		12				1	Fat Face . 1820–1842 . Thorowgood
	36				18		12				AAa	Thorowgood Italic . 1820 . Thorowgood
							12				Aal	Fat Face Contra Italic . 1834 . Thorowgood
		28									A	Argentine . c1860 . Besley
Egyptians					18		12				Aa1	Egyptian . 182–. Austin [?]
	36		24				12				Aa1	Egyptian Expanded . Figgins . 1847
Eccentrics				22							A1	Union Pearl . c1674-90 . Grover [?]
		28										Rustic Shaded . 1845 . Figgins
							12				Aa1	Freehand Script . 1895 . Stephenson, Blake
			24			14					Aa1	Marina Script . 1937 . Stephenson, Blake
Sans Serifs	36		24		18			10	8	6	äAal⅛	Monotype Gill Sans 262 . 1927 . Gill
	36		24			14	12	10	8	6	äAal	Monotype Gill Sans Italic 262I . 1929 . Gill
	36		24		18	14	12		8	6	Aal	Monotype Gill Bold 275 . 1929 . Gill

Man beobachte, wie die Schriften geordnet sind: zuerst nach Typ (modern, egyptian, eccentric, sans serif) und dann nach Jahr der Gestaltung oder erster Herstellung. Hier wird, ebenso wie bei Isotype, die Anordnung des Materials berücksichtigt – durch Bedeutung bestimmt – und dann legt diese Anordnung die Gestaltung des Materials fest. Die einfachste und gleichzeitig einfallsloseste Art, die Schriften zu ordnen wäre, sie alphabetisch aufzulisten.

Das Zeigen von Abbildungen jeder Schrift – echte Beispiele werden gedruckt – stellt schließlich eine Art piktografische Herangehensweise dar: ein Schritt in Richtung eines Schriftmusters statt nur einer Schriftenliste.

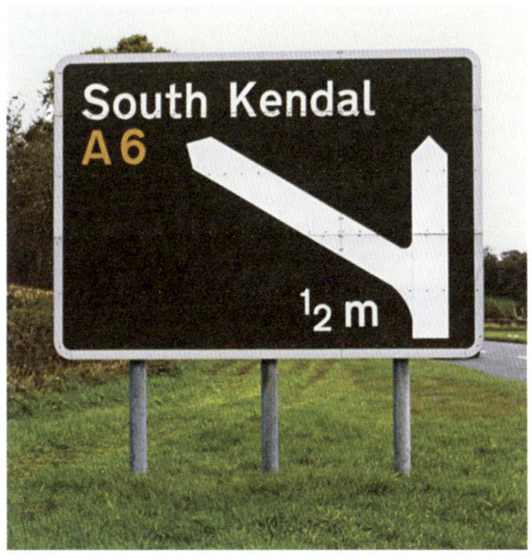

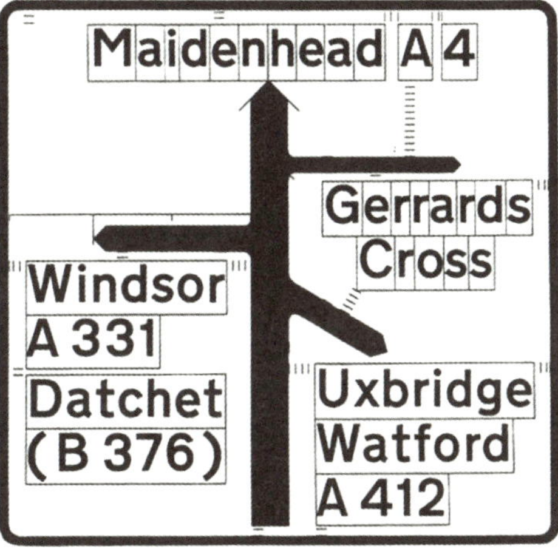

[14] Wie er mir erzählte, war Anthony Froshaug ein Isotype-Verehrer. Seine erste schriftliche Veröffentlichung war eine Rezension des Films *World of plenty*, die die Isotype-Diagramme erwähnte. («World of plenty», *Anthony Froshaug: Typography & texts*, London: Hyphen Press, 2000, S. 90–92)

3.11 Schriftliste, entworfen und gedruckt von Anthony Froshaug, 1951. Als Postkarte gestaltet, war sie Teil von Froshaugs zweitem «conspectus» seiner Druckerzeugnisse, woraus diese Abbildung stammt. (105 × 148 mm)

3.12, 3.13 Oben ein britisches Straßenschild, das dem System von Jock Kinneir und Margaret Calvert folgt. Die Prinzipien zur Produktion der Schilder werden in dem Diagramm unten veranschaulicht. (Foto aus dem Jahr 2001, nähe Natland Cumbria)

Kinneir/Calvert Isotype wird oft in Verbindung mit den Symbolen auf Straßenschildern und mit dem ganzen Feld der Symbole und Zeichen im öffentlichen Raum gebracht. Einen subtileren, vielleicht tiefergehenden Isotype-Charakter kann man in dem System für Straßenschilder in Großbritannien sehen. Diese folgen einer Reihe von Prinzipien, die in den frühen 1960er-Jahren vom Designer Jock Kinneir und seiner Assistentin Margaret Calvert entwickelt wurden.

Diese Straßenschilder werden von lokalen Behörden hergestellt, und ein Hauptproblem für Kinneir und Calvert war es, ein Regelwerk an ziemlich anspruchsvollen Richtlinien zu entwickeln, die trotzdem von Gemeindemitarbeitern (die keine Designer waren) verstanden und umgesetzt werden konnten. Dieser Situation mag jedes Designunterfangen ausgesetzt sein, das eine breite und konsequente Umsetzung zum Ziel hat; Isotype eingeschlossen. Das Übermaß und der chaotische Zustand, in dem sich die britischen Straßenschilder heute, 40 Jahre nach ihrer Reform, befinden, ist kaum die Schuld von Kinneir und Calvert. Es ist die Konsequenz

aus einer fortwährenden, zu wenig durchdachten Änderung der Regierung in der Straßenordnung und der dazugehörigen Schilder. Das Schild hier zeigt, wie das System 3.12
gemeint war.

Das Geheimnis des Systems liegt in einem Diagramm, 3.13
das die Regeln der Anordnung zeigt. Eine Maßeinheit, die der Breite des Stammes eines verwendeten Buchstabens entspricht, wird benutzt, um die Namen zu positionieren sowie die Strichstärke der Richtungslinien und anderer Elemente festzulegen. Das Ganze ist dann so groß wie es sein muss, es hat keine vorgegebenen Maße. Es gibt nach wie vor Variablen. Jemand muss entscheiden, was mit dem Schild ausgesagt werden soll. Es gibt auch Regeln dafür, aber mit Interpretationsspielraum.

Nach Isotype

Wir können viel von Isotype lernen, aber wir können es nicht einfach fortführen. Selbst wenn es möglich wäre, eine Methode oder ein System aus den Arbeiten abzuleiten, unterscheiden sich die Lebens- und Arbeitsumstände hier und jetzt zu sehr im Vergleich zu der Zeit, als Isotype erfunden und umgesetzt wurde.

Es gab ein paar Versuche, sich intelligent mit dem Isotype-Nachlass auseinanderzusetzen (statt eines stumpfen Fortsetzens). Die mir bekannten Beispiele sind die Arbeiten aus den 1970er-Jahren vom Institute of Educational Technology (IET) an der Open University (Großbritannien) und am Natural History Museum in London, wo die Idee der Transformierer aufgegriffen und in kleinen Gruppen für die Umsetzung von Publikationen, Lehrmaterialien und Ausstellungen genutzt wurde. In den späten 1970er-Jahren hat das IET *Notes on transforming* herausgegeben. In dieser informellen Publikationsreihe erschienen die Titel «What is a transformer?», «Three functions of text presentation» und «Numbering systems in text».[15]

Sowohl beim IET als auch beim Natural History Museum findet man Parallelen zu Isotype: die Bildung kleiner Gruppen bestehend aus Menschen unterschiedlicher Disziplinen, geleitet von einem zentralen Koordinator, der verantwortlich ist für die Gruppe, aber auch die Ansprüche der Nutzer im Auge behält. Diese Person entspricht dem Transformierer, der von Otto und Marie Neurath als «Treuhänder des Publikums» gesehen wurde. Das Museum war der Ort, an

[15] Während die IET-Publikationen heute schwer zu finden sind, wurde mindestens ein Artikel in einer zugänglicheren Publikation veröffentlicht: Michael Macdonald-Ross and Robert Waller, «The transformer», *Penrose Annual*, Vol. 69, S. 141–152; wiederveröffentlicht mit Zusätzen als «The transformer revisited», *Information Design Journal*, Vol. 9, № 2–3, 2000, S. 177–193. R.S. Miles schrieb über «transformation» in einem Buch, das er mitherausgab: *The design of educational exhibitions*, London: George Allen & Unwin, 1982. Siehe auch sein «Otto Neurath and the modern public museum: the case of the Natural History Museum (London)», in: Nemeth & Stadler, *Encyclopedia and utopia*, S. 183–90.

dem diese Ideen entwickelt wurden, und es erscheint logisch, sie dort fortzusetzen.

Wenn die hier gezeigten Arbeitsbeispiele anderer mit der Isotype-Denkweise verbunden werden können, kann man zu Recht behaupten, dass Isotype im Feld von «Design for Meaning» seinen Platz hat. Mit dieser Arbeitsweise versucht der Designer (in der breitesten Definition davon), Bedeutung oder Sinn aus dem Material zu gewinnen, um dann eine geeignete Ordnung zu finden. Für das Material selbst und für die Menschen, die es lesen und nutzen. Die zwei Dimensionen – das Material und sein Nutzer – werden untrennbar. Es erleichtert es, die Arbeiten von Otto Neurath und Kollegen so zu betrachten. Man kann Pläne für Programme, die Isotype-Tafeln automatisch generieren, oder Versuche, die Isotype-Symbole für die multikulturellen Gesellschaften des 21. Jahrhunderts zu aktualisieren, oder jedwede solch hoffnungsvoller Idee, die meint, die Arbeiten von den Machern und deren Arbeitstechniken und sozialen und kulturellen Kontexten zu trennen, getrost aufgeben. Aber Isotype ist reich an Vorschlägen, die man aufnehmen, verdauen, umwandeln und ableiten kann – nicht nur für grafische Präsentationen quantitativer Daten, sondern für die Gestaltung von Material aller Art.

4

Marie Neurath, 1898–1986

Robin Kinross

Marie Neurath starb am 10. Oktober 1986 in London.[1] Ihre Arbeit mit Otto Neurath, die als Isotype bekannt wurde, ist heute gut dokumentiert, nicht zuletzt durch ihre eigenen, klaren Schriften. Die folgenden Kommentare werden nicht versuchen, ihr Leben und ihre Arbeit systematisch zu beschreiben, sie sind stattdessen als formlose, persönliche Äußerung gemeint.

In einigen ihrer autobiografischen Texte markiert Marie die ersten Momente einer Erfahrung oder Beziehung als besonders bedeutend. Woran ich mich bei ihr als erstes erinnere ist, wie sie sich durch ein Studio der «Typography Unit» (wie die Fakultät damals hieß) an der University of Reading bewegte. Nachdem sie die Materialien der «Otto and Marie Neurath Isotype Collection» der Universität gespendet hatte, unterrichtete sie regelmäßig ein Seminar über Isotype für die Typografie-Studenten im 3. Jahr. Ich war zu dem Zeitpunkt noch im 2. Jahr, und dass ich nicht am Seminar teilnehmen durfte (wohl aber ein Gasthörer aus den Niederlanden, der neben mir saß), war ein Quell ziemlich großer Frustration und Neid.

Maries Qualitäten waren schon von der anderen Seite des Raumes sichtbar: ihre Aufrichtigkeit, in der Körperhaltung – und wie man später feststellte – ebenso in ihrer Moral; ihre natürliche Würde, ihre unkomplizierte, unprätentiöse Art; ihr Sinn für Gerechtigkeit und ihre Offenheit, sodass Altersunterschiede nie eine Hürde darstellten. Ich wollte sie kennenlernen. Die erste Chance erhielt ich 1975, als wir eine Isotype-Ausstellung in Reading veranstalteten. Dann habe ich eine Abschlussarbeit über Isotype geschrieben und unser Kontakt setzte sich mit der Archivierung der Sammlung fort. In den letzten Jahren konzentrierte sich unsere Zusammenarbeit auf die Übersetzung und die redaktionelle Arbeit an Otto Neuraths Schriften, dieses war ihr nach der Schließung des Isotype-Institutes sehr wichtig.

Marie Neurath (geb. Reidemeister) stammte aus Braunschweig in Norddeutschland. Der entscheidende Moment in ihrem Leben kam im September 1924, während eines Studentenausflugs nach Wien, auf dem sie Otto Neurath vorgestellt wurde und instinktiv entschied, dass sie mit ihm arbeiten wollte. Danach folgten die, wie man sagen könnte, zentralen Jahre ihres Lebens (1925–34), vertieft in die Arbeit und das Leben im Roten Wien.

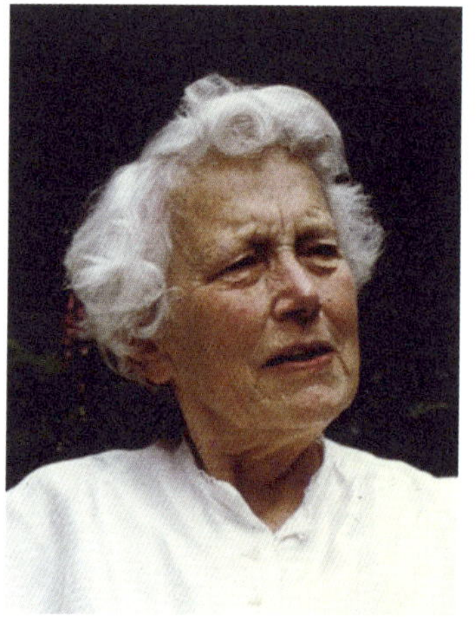

[1] Dieser Nachruf wurde zuerst in *Information Design Journal*, Vol. 5, № 1, 1986, S. 69–71, veröffentlicht und wieder gedruckt in meinem Buch *Unjustified texts*, London: Hyphen Press, 2002. Er erscheint hier ohne große Änderungen, trotz einiger Dopplungen mit anderen Stellen in diesem Werk.

4.01 Marie Neurath im Sommer 1984 (Foto: Gertrud Neurath)

In ihren Beschreibungen der Geschichte von Isotype hat Marie in der Regel ihre Rolle eher heruntergespielt, wie wir nach und nach in Reading entdeckten. Obwohl sie beiläufig darauf hingewiesen hat, als sie meinte, dass Otto Neurath nie das Projekt eines Gesellschafts- und Wirtschaftsmuseums ohne sie gemacht hätte. Die Geschichte ihrer Arbeit unterstützt nachweislich diese These. Als das Isotype-Institut 1942 in England gegründet wurde, waren Otto und Marie Neurath Direktoren mit gleichen Rechten. Und, nach Ottos Tod 1945, setzte Marie die Arbeit fast 30 Jahre lang fort. Sie konzentrierte sich dabei auf die Herstellung von Lehrbüchern für junge Leser. Die Leistung dieser Bücher im Kontext ihrer Zeit, muss noch adäquat analysiert werden.

Otto Neurath war ein Enzyklopädist in der Tradition der Aufklärung, mit vielen, auch akademisch unorthodoxen Interessen, von denen Isotype, insbesondere für seine Kollegen an der Universität, die seltsamste darstellte. Diese waren bei der Universität angestellt und gut situiert. Neurath war es nicht. Für Marie war diese visuelle Arbeit ihre Lebensaufgabe, und sie passte ihr wie ein Maßanzug. Sie besaß eine Bandbreite an sozialen und kulturellen Interessen und hatte Lehramt mit dem Schwerpunkt Mathematik und Physik studiert. Sie war auch künstlerisch begabt und hatte einige Kunstkurse an der Kunstgewerbeschule (in Braunschweig) belegt.

Der Charakter von Isotype – wenn man es personifizieren kann – bildete sich aus den Interessen und Einstellungen der Menschen dahinter, allen voran Otto und Marie. Es beschäftigte sich mit der visuellen Darstellung von Dingen, die gesagt werden sollten: nicht nur irgendwelche Fakten, sondern wertvolle Informationen, aus denen man historische und soziale Bezüge herstellen sowie Fakten lernen konnte. Isotype war nicht, so das gängige Bild, eine einfache Methode, um Zahlen in Bildstatistiken umzuwandeln. Vielmehr waren Isotype-Tafeln im besten Fall intelligente visuelle Aussagen, jedes Mal aufs Neue entwickelt aus einer Reihe von zum Teil verinnerlichten Prinzipien. Ich habe einmal versucht, dies in einem Essay über die möglichen Nutzen von Isotype auszudrücken.[2] Was ich nicht sagte war, dass trotz Otto Neuraths Wunsch nach einer weit verbreiteten, gar internationalen «Bildsprache», ein Isotype, das ohne die Zusammenarbeit von – hauptsächlich – Otto Neurath, Marie Neurath und

[2] «On the influence of Isotype», *Information Design Journal*, Vol. 2, № 2, 1981, S. 122–130.

Gerd Arntz entwickelt worden wäre, wohl ein anderes und wahrscheinlich minderwertigeres geworden wäre. Die Geschichte von Versuchen anderer, «Isotypes» herzustellen (wie sie manchmal verwirrend genannt werden) zeigt dies.

In der Sprache von Isotype war Marie die «Transformiererin»: die Person, die die visuellen Aussagen machte, und die wichtige Schaltstelle zwischen denjenigen mit Spezialwissen, den Personen, die das Endprodukt herstellten, und – in vielen Aspekten das wichtigste Element – dem Publikum. Otto und Marie haben nie das Wort «Designer» benutzt (oder vergleichbares, weder auf Englisch noch auf Deutsch). Obgleich der Begriff in den letzten Jahren die besondere Bedeutung als jemand, der plant und Inhalt eine Form gibt, angenommen hat. Wenn wir, in Reading, einen Transformierer einen Designer nannten, war Marie skeptisch. Sie sah Designer als visuelle Dekorateure, die die Form von Dingen jede Saison änderten, je nach Mode. (Leider gibt es ziemlich viel Beweismaterial für diese Annahme.) Im Gegensatz dazu war Isotype, wie der Name schon sagt, standardorientiert: Wenn man, nach einer langen Entwicklungs- und Experimentierphase, ein adäquates Symbol oder eine Anordnung von Symbolen gefunden hatte, warum sollte man es ändern? Marie stand für Kontinuität, trotz der Tragödien der Zeiten, die sie erlebt hatte. Eine Geschichte aus ihrem Leben illustriert diese Haltung. Mit Otto hat sie im letzten Moment im Mai 1940 Den Haag in einem kleinen Rettungsboot verlassen. Nach dem Krieg, bei einem Besuch in Den Haag, verbrauchte sie bei dieser Gelegenheit die übrig gebliebenen Tramkarten von vor dem Krieg. Diese Karten hatte sie bei sich auf der Flucht, während der Monate der Internierung und dann in der arbeitsreichen und glücklichen Zeit (bis zu Otto Neuraths Tod im Dezember 1945) in Oxford, wo das Isotype-Institut gegründet wurde.

Ihr Leben war außerordentlich produktiv. Die Isotype-Sammlung in Reading umfasst viele Kartons von Arbeitsmaterialien, und ich nehme an, dass ähnliche Berge an Sachen in den beiden Zwangsumzügen, von Wien und Den Haag, verloren gegangen sind. Sie hatte eine wunderbar ökonomische Arbeitsweise. Wenn sie Übersetzungen korrigierte, schlug sie nur minimale Änderungen vor, oft nur ein oder zwei Worte, die dann ein vorher scheinbar unüberwindbares Problem lösten. In dieser Übersetzungs- und Redaktionsarbeit war ihre Leidenschaft für Genauigkeit für uns, die sie nur in ihren späteren Jahren kannten, bemerkenswert deutlich: Eben diese Qualität ist auch in den Isotype-Arbeiten zu erkennen. Und neben ihrem Interesse an genauen und ehrlichen Aussagen, hatte sie ein hervorragendes Gedächtnis: Sie war eine exzellente Protokollantin vom Geschehen.

Die späten Jahren wurden bereichert durch neue Freundschaften mit Menschen, die sie wegen Otto besuchten, aber schnell Marie lieb gewannen. Einer nach dem anderen verfielen wir ihrer Magie, und heute bilden wir eine noch immer wachsende Gruppe von Neurath-Spezialisten in mindestens fünf Ländern. Sie war das Gegenteil der nervigen Witwe, die jede offene Diskussion über die Arbeit ihres Mannes unterdrückt. Gleichwohl sie selbstverständlich eine Befürworterin von Otto Neuraths Arbeit war, hat Marie aber keinen Druck ausgeübt. Unser Interesse an Otto Neurath wurde zum gemeinsamen Untersuchungsprojekt. Eine weitere Geschichte: Jemand hatte eine Auswahl von Otto Neuraths Schriften veröffentlicht, mit einem langen, interpretationsschweren Vorwort, das nicht mit ihr abgesprochen war. Sie erstellte eine lange Liste an Fragen und strittigen Punkten. Er kam, um diese mit ihr zu diskutieren. Ich fragte, wie die Besprechung war. Sie sagte, eher überrascht, «Well, he agreed with me on every point». Sie waren bald per du und er kam regelmäßig nach London, einfach so, weil er sie liebte.

Ihr größtes Bedauern in ihren letzten Tagen war, dass die verschiedenen Ausgaben von Otto Neuraths Schriften nicht weiter fortgeschritten waren. Diese umfassen eine Auswahl an Schriften über Ökonomie (auf Englisch), was für sie besonders wichtig war. Ebenso existieren eine Ausgabe über die Korrespondenz mit Rudolf Carnap (auf Englisch und Deutsch) und gesammelte Schriften über die Bildpädagogik (auf Deutsch). Ein kurzes, gut illustriertes Buch über Isotype war ebenfalls in Planung, und der letzte Text, den sie schrieb, war für dieses Buch gedacht. Diese Bücher werden früher oder später erscheinen, und sie werden ein weiterer Beleg sein für die Wichtigkeit von Otto Neuraths Leben und Werk.[3] Der Entdeckungsprozess von Otto Neurath (er war nie bekannt genug, um es eine Wiederentdeckung zu nennen) war und wird eine von Marie Neuraths größten Leistungen sein. Wir, die

[3] Seit der ersten Veröffentlichung des Nachrufes 1986 sind von den Büchern, die in diesem Absatz erwähnt werden, folgende erschienen: Otto Neuraths *Gesammelte bildpädagogische Schriften* (1991) und seine *Economic writings* (2004). Das «kurze, gut illustrierte Buch über Isotype» ist dieses Werk. Die Korrespondenz mit Carnap wurde bis zum heutigen Datum nicht publiziert.

mit diesen Büchern zu tun haben, werden sie besonders stark vermissen. Nun, während ich das hier jetzt schreibe, ist es schwer vorstellbar, dass ich sie nicht mehr anrufen kann, um einen Besuch auszumachen. Einen Besuch, um durch diesen Text zu gehen, Kaffee zu trinken und einfach über Bücher, Politik und Menschen zu reden. [1986]

Epilog

Brian Switzer

Dieses Buch ist aus verschiedenen Gründen äußerst wertvoll. Es ist zum einen ein authentisches Zeitdokument einer der weniger bekannten Hauptfiguren des Isotype-Projekts – Marie Neuraths Stimme hört man bis heute. Ihre Schriften und Erinnerungen aus dieser Zeit (auch die hier nicht abgedruckten) lieferten und liefern Schlaglichter auf Szenen spannender Begegnungen und Entwicklungen. Ihr ausgeglichenes Wesen und ihre gleichzeitig selbstbewusste Art inspirieren bis heute – auch wenn ich sie als Person leider nur durch ihre Schriften und Berichte über ihr Leben kennenlernen konnte. Ebenso bietet das Buch, statt einer simplen Anleitung zur Entwicklung von

Isotype-Schaubildern, ausgezeichnete Anwendungsbeispiele, die bei sorgfältigem Studium Spuren zu den dem System zugrunde liegenden Gedanken liefern. Robin Kinross zeichnet eine gewissenhafte Analyse des Isotype-Geistes und der dazugehörigen Denkweise auf und liefert den Arbeiten auf diese Weise ein solides Fundament. Schließlich inspiriert Isotype selbst – durch die vielen erfolgreichen Transformationen mannigfaltiger Daten in spannende Informationstafeln

für ein breites Publikum. Nicht zuletzt erschien es mir wichtig und gerecht, dieses Werk dem deutschsprachigen Raum zurückzugeben, Jahrzehnte nach der Verfolgung und Vertreibung der Neuraths.

Der erste Impuls für dieses Projekt war mein Vorhaben, eine ausgezeichnete kleine Ressource mit meinen deutschsprachigen Studenten, die englische Texte oft eher meiden, zu teilen. Es handelte sich um die Originalausgabe dieses Buches: «The transformer: principles of making

Isotype charts» von Marie Neurath und Robin Kinross, das 2009 bei Hyphen Press in London erschien. Mir fiel auf, dass es zum Teil auf Originaltexten von Marie Neurath basiert. Ich kontaktierte den Verleger und Autor Robin Kinross im Mai 2013 und er sagte mir, nachdem wir uns etwas näher kennengelernt hatten, seine Unterstützung für eine Übersetzung des Buches zu. Als Verlag für die deutsche Ausgabe schlug er den niggli Verlag vor, mit dem er in der Vergangenheit bereits kooperiert hatte. Kurz darauf schrieb ich niggli mit dieser Projektidee an und wurde umgehend von Chris van Uffelen, dem Programmleiter, kontaktiert. In den nächsten Monaten nahm das Projekt Form an, und ehe ich mich versah, saß ich an der Übersetzung und Überarbeitung (und Transkription) des Textes.

Für mich selbst wurde Isotype zu einer Art Obsession, wie es Informationsdesign bereits seit langem ist. Es hat mir Freude bereitet, mit Robin Kinross an diesem Buch zu arbeiten, die

Quellen zu finden und auch Kleinigkeiten nachzugehen und gegebenenfalls zu berichtigen.

Dieses Buch wäre ohne die Unterstützung einiger Menschen nicht möglich gewesen. An erster Stelle danke ich Robin Kinross dafür, dass er mir dieses Projekt anvertraut hat. Zweitens, ebenso wichtig, bedanke ich mich bei niggli für die Umsetzung des Projektes – Markus Braun, dem neuen Verleger, Chris van Uffelen, dem Programmleiter, und Johannes Rinkenburger, dem Designer, der der Gestaltung des Buches seine Abschlussarbeit widmete. Ein besonderer Dank gilt der Redakteurin Sophie Steybe, die die undankbare Aufgabe übernahm, mein Amerikanisch-Deutsch zu redigieren. Nicht zuletzt bedanke ich mich bei meiner Frau und meiner Familie für deren Liebe und Unterstützung.

Ich wünsche allen Lesern dieses Buches das gleiche inspirierende Gefühl (mit einer Prise Besessenheit), das mich bei diesem Projekt begleitet hat. Isotype sowie Marie und Otto Neuraths

Idee der Transformation wurden für mich – und ich hoffe auch für die Leser – ein Schlüssel, um über Kommunikationsdesign nachzudenken.

Quellen

Die Literatur von und über Otto Neuraths visuelles Werk ist heute umfangreich, weitverbreitet und wachsend. Die folgende Auflistung umfasst die Hauptquellen und erhebt keinen Anspruch auf Vollständigkeit.

Es gibt nützliche Literaturlisten der Schriften der Neuraths und von Büchern und Artikeln mit Isotype-Beiträgen in dem Ausstellungskatalog: *Graphic communication through Isotype* (Reading: Department of Typography & Graphic Communication, University of Reading, 1975, 2. Auflage 1981). Aus der Forschungsphase entstand ein weiteres Buch, das mit der Ausstellung zu tun hat, herausgegeben von Friedrich Stadler: *Arbeiterbildung in der Zwischenkriegszeit: Otto Neurath – Gerd Arntz* (Wien: Löcker Verlag, 1982).

Die Otto & Marie Neurath Isotype Collection, beim Department of Typography & Graphic Communication, University of Reading, ist das Hauptarchiv dieses Werks. Das «Isotype revisited»-Forschungsprojekt an dieser Fakultät (http://isotyperevisited.org/) produzierte mehrere wichtige Ergebnisse, insbesondere die neue Ausgabe von Otto Neuraths «visual autobiography» *From hieroglyphics to Isotype* (London: Hyphen Press, 2010) sowie die umfassende Untersuchung *Isotype: design and contexts 1925–1971*, herausgegeben von Christopher Burke, Eric Kindel und Sue Walker (London: Hyphen Press, 2013).

Neben den Archivquellen und Veröffentlichungen der Neurath-Gruppe sind die besten Quellen die Schriften von den Hauptfiguren: Otto Neurath und Marie Neurath. Otto Neuraths Schriften über das Visuelle wurden in *Gesammelte bildpädagogische Schriften* (Wien: Hölder-Pichler-Tempsky, 1991, herausgegeben von Rudolf Haller und Robin Kinross) veröffentlicht. Das Buch erschien als der erste Band einer geplanten Sammlung von Neuraths gesamten Schriften. Neurath hat zu Lebzeiten mehrere kurze und zwei längere Texte veröffentlicht: *Bildstatistik nach Wiener Methode in der Schule* (Wien/Leipzig: Deutscher Verlag für Jugend und Volk, 1933) und *International picture language* (London: Kegan Paul, 1936). *International picture language* wurde 1980 mit einer deutschen Übersetzung neu aufgelegt von dem Department of Typography & Graphic Communication, University of Reading.

Von den vielen Büchern über Neuraths Gesamtarbeit sind erwähnenswert: Elisabeth M. Nemeth and Friedrich Stadler (ed.), *Encyclopedia and utopia: the life and work of Otto Neurath, 1882–1945* (Dordrecht/Boston: Kluwer, 1996) und Nancy Cartwright (et al.), *Otto Neurath: philosophy between science and politics* (Cambridge: Cambridge University Press, 1995) sowie Günther Sandner, *Otto Neurath: eine politische Biographie* (Wien: Zsolnay Verlag, 2014).

Während ihrer Arbeit hat Marie Neurath hin und wieder Artikel über die Arbeitsmethodik veröffentlicht. In späteren Jahren, und insbesondere nach ihrem Ruhestand 1971, schrieb und bearbeitete sie Beiträge, die eher historischer Natur waren. Zwei längere Texte sind: «Otto Neurath and Isotype», *Graphic Design* [Japan], № 42, 1971, S. 11–30; «Isotype», *Instructional Science*, Vol. 3, № 2, 1974, S. 127–150. Ebenso gab sie mit Robert Cohen einen Sammelband der Schriften von und über Otto Neurath heraus: *Empiricism and sociology* (Dordrecht: Reidel, 1973).

Die Arbeiten von Gerd Arntz wurden in einigen holländischen Publikationen dokumentiert, insbesondere sind hier der Katalog zur Retrospektive-Ausstellung, *Gerd Arntz: kritische grafiek en beeldstatistiek* (Den Haag: Haagse Gemeentemusem, 1976) und sein eigenes Buch, herausgegeben von Kees Broos, *De tijd onder het mes: hout- & linoleumsneden 1920–1970* (Nijmegen: SUN, 1988), zu nennen.

Nach der Dokumentation der 1970er- und frühen 1980er-Jahre, pausierte das Interesse an dem Thema. Nun ist diese Pause vorbei, mit einer Reihe von Ausstellungen und Publikationen.[1] Zu diesen zählen: Das Buch von Frank Hartmann und Erwin K. Bauer, *Bildersprache: Otto Neurath/Visualisierung* (Wien: WUV Universitätsverlag, 2002); eine Ausstellung in Brno, Prag, Wien und anschließend auf der Triennale in Mailand (2002–03); ein Buch von Nader Vossoughian, *Otto Neurath: the language of the global polis* (Rotterdam: NAI Publishers, 2008) mit einer Begleitausstellung und -events in der Stroom Galerie in Den Haag; eine Webseite der grafischen Arbeiten von Gerd Arntz (www.gerdarntz.org) und ein Buch von Ed Annink und Max Bruinsma, *Lovely language* (Rotterdam: Veenman, 2008). Eine Diskussion zu diesen und anderen Arbeiten finden Sie auf der Seite: https://hyphenpress.co.uk/journal/article/isotype_recent_publications.

Hadwig Kraeutlers *Otto Neurath, museum and exhibition work: spaces (designed) for communication* (Frankfurt: Peter Lang, 2008) – eine Weiterentwicklung der Doktorarbeit des Autors – geht neue Wege in den Überlegungen zu diesem Aspekt von Neuraths Werk.

[1] Anmerkung des Verlages: Stand 2009

Index

Marie Neurath und Otto Neurath sind nicht im Detail im Index aufgeführt, genauso wenig wie «Transformation» und «Transformierer»: sie sind jedoch durchweg auf fast allen Seiten des Buches präsent. Das Hauptthema dieses Buches ist unter «Isotype, Prinzipien» indiziert. «40F» verweist auf eine Fußnote auf Seite 40, «111b» verweist auf eine Bildunterschrift auf Seite 111.

Impressum

Die Deutsche Nationalbibliothek verzeichnet diese Publikation in der Deutschen Nationalbibliografie; detaillierte bibliografische Daten sind im Internet über http://dnb.dnb.de abrufbar.

ISBN 978-3-7212-0950-1
© 2017 Niggli,
ein Imprint der bnb media gmbh, Zürich
www.niggli.ch

1. Auflage 2017

Die Originalausgabe erschien 2009 unter dem Titel «The transformer: principles of making Isotype charts» bei Hyphen Press, London.

Grafisches Konzept und Gestaltung deutsche Ausgabe: Johannes Rinkenburger

Übersetzung: Brian Switzer

Lektorat: Sophie Steybe

Schriften: Futura PT, GT Sectra

Der Verlag übernimmt keine Verantwortung für die Richtigkeit und Vollständigkeit sowie Urheberrechte und verweist auf die angegebenen Quellen. Die meisten Bilder in diesem Buch wurden vom Department of Typography & Graphic Communication, University of Reading, mit Unterstützung des Arts & Humanities Research Council und dem «Isotype revisited»-Projekts gemacht. Für alle weiteren Bildnachweise siehe S. 9.